国际税收业务知识百问百答丛书

税收协定百问百答

本书编写组　编著

中国税务出版社

图书在版编目（CIP）数据

税收协定百问百答／本书编写组编著．-- 北京：中国税务出版社，2024.6
（国际税收业务知识百问百答丛书）
ISBN 978-7-5678-1432-5

Ⅰ．①税…　Ⅱ．①本…　Ⅲ．①国际税收-经济协定-问题解答　Ⅳ．①F810.42-44

中国国家版本馆CIP数据核字(2023)第251406号

丛 书 名：国际税收业务知识百问百答丛书
书　　名：税收协定百问百答
SHUISHOU XIEDING BAIWEN BAIDA
作　　者：本书编写组　编著
责任编辑：范竹青
责任校对：姚浩晴
技术设计：林立志
出版发行：中国税务出版社
北京市丰台区广安路9号国投财富广场1号楼11层
邮政编码：100055
网址：https://www.taxation.cn
投稿：https://www.taxation.cn/qt/zztg
发行中心电话：(010)83362083/85/86
传真：(010)83362047/49
经　　销：各地新华书店
印　　刷：保定市中画美凯印刷有限公司
规　　格：787毫米×1092毫米　1/16
印　　张：10.25
字　　数：138000字
版　　次：2024年6月第1版　2024年6月第1次印刷
书　　号：ISBN 978-7-5678-1432-5
定　　价：30.00元

编写组成员

主　编：白　渊

副主编：何小平　赵　勇　王二明　李航航

执　笔：黄　斐　吴　笛　刘　芳　吴君君

王　迎　程卫东　卢越冰　侯玮云

戴　琼

审　稿：向泊羽　曾思源　邱　芸　王　艳

焦子璇　于　路　胡青苗

前　言

税收协定是指两个或两个以上主权国家（或税收管辖区），为协调相互之间的税收管辖关系和处理有关税务问题，依照对等原则，通过谈判缔结的书面协议。税收协定兼顾了居民国和来源国的税收利益，对于提高税收确定性，促进跨国经贸活动平等互利，推进实现各国共同携手打击跨境逃避税行为，推动我国深入参与全球税收治理改革，发挥着越来越积极的作用。

我国对外签署税收协定工作自1981年开始，截至2024年6月，税收协定网络已覆盖114个国家（地区）。伴随着我国改革开放的历史进程，税收协定工作稳步向前发展，成为推进高水平对外开放和优化税收营商环境的驱动力。近年来，国际经济格局发生深刻变化，一方面，新技术的突破带动经济数字化发展迅速；另一方面，逆全球化思潮抬头，单边主义和保护主义加剧，国际税收规则正在经历新一轮重塑。在这一背景下，持续扩大税收协定网络，完善现有税收协定以适应新的经济形势，不断增强我国在国际税收领域的话语权和影响力显得尤为重要。

为强化税收协定执行，国家税务总局不断完善协定条款的解释，制定了相应的协定执行后续管理程序，以规范协定执行管理和防范协定滥用风险。由于税收协定条款的专业性和复杂性，特别是为了优化税收营商环境，近十年非居民纳税人享受协定待遇程序进行了“审批改备案”和“备案改备查”两次大的调整，对基层税务机关执行税收协定以及开展后续管理工作也提出了新的要求。

本书立足于OECD税收协定范本及注释、联合国税收协定范本、中国签署的税收协定、国内相关税收法律法规等重要依据，紧密结合税收协定工作实践，全面梳理了税收协定条款和享受协定待遇的程序等内容，通过简洁易懂的一问一答方式，辅以详细解读、政策依据以及典型案例，深入诠释运用实践中较为常见的知识点和复杂的判定难点，化繁为简，具有较强的系统性、专业性、指导性、实践性。

希望本书能够为纳税人和税务人员提供全面、深入、实用的税收协定知识，帮助其更好地理解和运用税收协定，解决实际问题，为推动构建合作共赢的新型国际税收关系和服务高水平对外开放贡献力量。

由于时间和水平有限，书中难免存在疏漏之处，敬请读者批评指正。

编　者

2024年6月

目　录

第一篇　税收协定基本概念

第二篇　税收协定适用范围

第三篇　税收居民

第四篇　常设机构

第五篇　不动产所得

第六篇　营业利润

第七篇　海运和空运

第八篇　联属企业

第九篇　股　息

第十篇　利　息

第十一篇　特许权使用费

第十二篇　财产收益

第十三篇 劳 务

第十四篇　其他所得

第十五篇　消除双重征税

第十六篇　其他规定

第十七篇 税收协定待遇管理

附录　增值服务目录

第一篇　税收协定基本概念

1. 什么是税收协定？

解　答

税收协定，是两个或两个以上主权国家（或税收管辖区）为协调相互之间的税收管辖关系和处理有关税务问题，依照对等原则，通过谈判缔结的书面协议。

我国自 1981 年开始面向境外谈签税收协定，并在 1983 年 9 月与日本签署了首个税收协定。截至2023 年 12 月底，我国已与111 个国家（地区）正式签署了避免双重征税协定，其中与 105 个国家（地区）的协定已生效；内地和香港、澳门签署了税收安排，大陆与台湾签署了税收协议。[①]

依　据

《OECD 税收协定范本及注释》（2017 年版）

---

① 税收条约［EB/OL］. ［2024 - 06 - 01］. http：//www. chinatax. gov. cn/chinatax/n810341/n810770/common_list_ssty. html.

2. 税收协定有什么作用？

解 答

税收协定通过避免双重征税促进经济交往，通过加强税务主管当局之间的合作防止逃税。[①]

依 据

《OECD 税收协定范本及注释》（2017 年版）

3. 国际上谈签税收协定所依据的协定范本主要有哪些？

解 答

国际上谈签税收协定一般依据《经济合作与发展组织关于对所得和财产征税的协定范本》（以下简称 OECD 范本）和《联合国关于发达国家与发展中国家间避免双重征税的协定范本》（以下简称 UN 范本）。

OECD 范本与 UN 范本的签订对象不同，侧重也不同。OECD 范本的签订对象是经济合作与发展组织（OECD）成员国，强调居民税收管辖权原则。UN 范本则是发达国家和发展中国家之间、发展中国家相互间签订双边税收协定，更强调收入来源国的税收管辖权。

---

① 税收协定的目的和作用 [EB/OL].（2015 - 06 - 29）[2024 - 06 - 01]. http://www.chinatax.gov.cn/chinatax/n810219/n810744/n1671176/n1671186/c1705533/content.html.

我国早期对外谈签的税收协定参考 UN 范本较多，近年来则更多参考 OECD 范本。

依 据

《经济合作与发展组织关于对所得和财产征税的协定范本》

《联合国关于发达国家与发展中国家间避免双重征税的协定范本》

4. 税收协定范本及其注释对我国执行相关税收协定有约束力吗?

解 答

税收协定范本并不是真正意义上的国际条约，协定范本注释也不是对有法律约束力的条约的法定解释，但它是理解和执行范本制订者意图的最佳工具。由于中国并非经济合作与发展组织（OECD）成员国，OECD 范本及其注释对中国并没有约束力。但是，作为联合国（UN）的成员国，UN 范本及其注释对中国具有一定的参考作用。

5. 税收协定和国内法规定不一致时，应适用哪个规定?

解 答

税收协定与国内法的关系通常可以总结为“协定优先，优惠优先”。

《中华人民共和国税收征收管理法》(以下简称税收征收管理法，“依据”内容除外）第九十一条规定：“中华人民共和国同外国缔结的有关税收的条约、协定同本法有不同规定的，依照条约、协定的规定办理。”《中华人民共和国企业所得税法》（以下简称企业所得税法，“依据”内容除外）第五十八条规定：“中华人民共和国政府同外国政府订立的有关税收的协定与本法有不同规定的，依照协定的规定办理。”税收协定与上述法律有不同规定的，按照税收协定的规定执行，即“协定优先”。

需要注意的是，税收协定通常不会增加纳税人的义务，只是为其避免双重征税做出安排。因此，税收协定也基本上不会把税收管辖权强加到缔约国任何一方。也就是说，税收协定在划分税收管辖权后，具有税收管辖权的缔约国一方是否切实征税，还应根据其国内法的规定执行，如果国内法规定不征税或免税，则该国实际上不会征税。不论税收协定还是国内法，都应该执行对纳税人更优惠的规定，即“优惠优先”。①

解 读

例 1－1　2012 年，中国香港 A 公司和挪威 B 公司各出资 5000 万元到中国内地某省投资设立了一家外商投资企业 C 公司。2020 年 3 月，C 公司董事会决定分配利润 1000 万元，A 公司、B 公司按投资比例各应取得股息收入 500 万元，此时 C 公司应分别按什么税率扣缴 A 公司、B 公司的非居民企业所得税？

根据《中华人民共和国企业所得税法实施条例》（以下简称企业所得税法实施条例，“依据”内容除外）第九十一条规定，非居民企业取得企业所得税法第二十七条第（五）项规定的所得，减按 10% 的税率征收企业所得税。因此，非居民企业取得来源于中国境内的股息收入，减按 10% 的税率征收企业所得税。按照《内地和香港特别行政

① 税收协定的法律地位及其与国内法的关系［EB/OL］.（2015－06－29）［2024－06－01］. http：//www.chinatax.gov.cn/chinatax/n810219/n810744/n1671176/n1671186/c1705580/content.html.

区关于对所得避免双重征税和防止偷漏税的安排》，符合条件的香港公司从内地获取的股息收入，可按5%缴纳税款。中国香港A公司选择适用5%税率缴纳税款，此时体现的原则是“协定优先”。按照《中华人民共和国政府和挪威王国政府关于对所得和财产避免双重征税和防止偷漏税的协定》，符合条件的挪威公司从中国境内获取的股息收入，可按15%缴纳税款。挪威B公司可按照国内法10%税率申报预提所得税，此时体现的原则是“优惠优先”。

依　据

《中华人民共和国税收征收管理法》第九十一条

《中华人民共和国企业所得税法》第五十八条

6. 税收协定对国内法的依托主要体现在哪些方面？

解　答

税收协定对国内法的依托主要体现在三个方面：税收协定谈签、税收协定解释和税收协定执行程序。

（1）税收协定谈签必须依托于国内法。从事税收协定谈签的人员必须对相关国内法有足够清晰的了解，特别是关于企业所得税法和个人所得税法的实体规定，否则在税收协定谈判中就会无的放矢，难以确定我方立场，难以判断我方的受益或损失，导致谈判能力弱化。

（2）税收协定解释需要依托于国内法。税收协定作为专业性和技术性很强的国际法，对一些术语或概念给出了定义或说明。然而，这些定义或说明只占条款很小一部分，更多概念的理解或解释需要依托于国内法的规定。当然，如果税收协定中已经明确对一个概念或术语的理解，则应该优先于国内法的规定。

（3）税收协定执行在程序上需要依托于国内法。税收协定主要是通过划分税收管辖权来避免双重征税，但对所得如何进行税收征管则基本没有做出规定，除了在个别条款上有一些原则性要求外，完全按照国内法执行。[①]

① 税收协定的法律地位及其与国内法的关系［EB/OL］.（2015-06-29）［2024-06-01］. http：//www.chinatax.gov.cn/chinatax/n810219/n810744/n1671176/n1671186/c1705580/content.html.

第二篇　税收协定适用范围

7. 税收协定中的“人”就是我们常说的个人吗？

解　答

我国与大多数国家的税收协定中，“人”一语包括个人、公司和其他团体。这里所说的“其他团体”具有广泛的含义，包括各种协会、基金会等。例如，根据中新税收协定议定书第一条的规定，如果缔约国一方国内法把信托视为该国的税收居民，则“其他团体”也包括在缔约国一方建立的信托。因此，协定中所说的“人”，其范围要大于通常意义上的个人。

依　据

《国家税务总局关于印发〈中华人民共和国政府和新加坡共和国政府关于对所得避免双重征税和防止偷漏税的协定〉文本并请做好执行准备的

通知》(国税函〔2007〕790 号) 第三条第一款[①]

《国家税务总局关于印发〈《中华人民共和国政府和新加坡共和国政府关于对所得避免双重征税和防止偷漏税的协定》及议定书条文解释〉的通知》(国税发〔2010〕75 号) 所附条文解释第三条第一款

8. 合伙企业如何适用税收协定?

解　答

根据《国家税务总局关于税收协定执行若干问题的公告》(国家税务总局公告 2018 年第 11 号) 的规定，有关合伙企业及其他类似实体 (以下简称合伙企业) 适用税收协定的问题，应按以下原则执行：

(1) 依照中国法律在中国境内成立的合伙企业，其合伙人为税收协定缔约对方居民的，该合伙人在中国负有纳税义务的所得被缔约对方视为其居民的所得的部分，可以在中国享受协定待遇。

(2) 依照外国 (地区) 法律成立的合伙企业，其实际管理机构不在中国境内，但在中国境内设立机构、场所的，或者在中国境内未设立机构、场所，有来源于中国境内所得的，是中国企业所得税的非居民企业纳税人。除税收协定另有规定的以外，只有当该合伙企业是缔约对方居民的情况下，其在中国负有纳税义务的所得才能享受协定待遇。该合伙企业报送的由缔约对方税务主管当局开具的税收居民身份证明，应能证明其根据缔

① 根据《国家税务总局关于印发〈《中华人民共和国政府和新加坡共和国政府关于对所得避免双重征税和防止偷漏税的协定》及议定书条文解释〉的通知》(国税发〔2010〕75 号)，我国对外所签协定有关条款规定与中新税收协定条款规定内容一致的，中新税收协定条文解释规定同样适用于其他协定相同条款的解释及执行。因此，本书中涉及的税收协定条款解释一般以《中华人民共和国政府和新加坡共和国政府关于对所得避免双重征税和防止偷漏税的协定》及议定书为例，执行时请以我国与具体国家 (地区) 签订的税收协定为准。

约对方国内法，因住所、居所、成立地、管理机构所在地或其他类似标准，在缔约对方负有纳税义务。

税收协定另有规定的情况是指，当根据缔约对方国内法，合伙企业取得的所得被视为合伙人取得的所得，则缔约对方居民合伙人应就其从合伙企业取得所得中分得的相应份额享受协定待遇。

依　据

《国家税务总局关于税收协定执行若干问题的公告》（国家税务总局公告2018年第11号）第五条

9. 税收协定是否只适用所得税？

解　答

税收协定通常在第二条约定税种范围。凡是列入税收协定的税种，缔约国双方都需要为其承担相应的协定义务。原则上，协定不适用于列举税种之外的其他税种，但也有例外。例如，有些税收协定的国际运输条款、情报交换条款或非歧视待遇条款，规定的内容涉及税种范围条款列举之外的其他税种，或规定不受税种范围条款的限制。

依　据

《国家税务总局关于印发〈《中华人民共和国政府和新加坡共和国政府关于对所得避免双重征税和防止偷漏税的协定》及议定书条文解释〉的通知》（国税发〔2010〕75号）所附条文解释第二条

10. 我国与其他国家签署的税收协定是否适用于港澳台地区?

解　答

我国与其他国家签署的税收协定不适用于港澳台地区。我国对外签署的税收协定仅适用于中国税收法律覆盖的地区，不适用于香港特别行政区、澳门特别行政区和台湾地区。

依　据

《国家税务总局关于印发〈《中华人民共和国政府和新加坡共和国政府关于对所得避免双重征税和防止偷漏税的协定》及议定书条文解释〉的通知》(国税发〔2010〕75 号）所附条文解释第三条

11. 境外中资企业被认定为境外注册中资控股企业后，能否享受协定待遇?

解　答

境外中资企业被认定为中国税收居民身份之后，可享受我国与其他国家（或地区）间签订的税收协定待遇。境外中资企业被认定为中国居民企业后成为双重居民身份的，按照中国与相关国家（或地区）签署的税收协定（或安排）的规定执行。境外税务当局拒绝给予非境内注册居民企业税收协定待遇，或者将其认定为所在国家（地区）税收居民的，该企业可按有关规定书面申请启动税务相互协商程序。

解　读

例 2 – 1　在美国注册成立的 A 企业，其实际管理机构在中国境内，A 企业被认定为我国税收居民后，可适用我国与其他国家（地区）签订的税收协定，并按照有关规定办理享受税收协定优惠待遇手续。

依　据

《国家税务总局关于境外注册中资控股企业依据实际管理机构标准认定为居民企业有关问题的通知》（国税发〔2009〕82 号）第八条

《国家税务总局关于印发〈境外注册中资控股居民企业所得税管理办法（试行）〉的公告》（国家税务总局公告 2011 年第 45 号）第二十九条

第三篇　税收居民

12. 税收协定意义上的"国民"和"居民"分别指的是什么?

解　答

税收协定意义上的"国民"一般指任何具有缔约国一方国籍的个人,任何按照缔约国一方执行法律取得其地位的法人、合伙企业或团体。根据我国与不同国家(地区)签订的税收协定,该定义在表述上有一定差异。

在我国已生效的税收协定中,对"居民"定义采取以下一般表述的部分或全部内容:"在本协定中,'缔约国一方居民'一语是指按照该缔约国法律,由于住所、居所、管理机构所在地、总机构所在地、注册地或任何其他类似标准,在该缔约国负有纳税义务的人,也包括该缔约国、地方当局或法定机构。"

依　据

《国家税务总局关于印发〈中华人民共和国政府和新加坡共和国政府关于对所得避免双重征税和防止偷漏税的协定〉文本并请做好执行准备的通知》(国税函〔2007〕790号)第三条、第四条

《国家税务总局关于印发〈《中华人民共和国政府和新加坡共和国政府关于对所得避免双重征税和防止偷漏税的协定》及议定书条文解释〉的通知》（国税发〔2010〕75 号）所附条文解释第三条、第四条

13. 税收协定中判定居民身份的必要条件是什么？

解　答

居民应是在一国负有全面纳税义务的人，这是判定居民身份的必要条件。这里所指的“纳税义务”并不等同于事实上的征税。例如，符合一定条件的基金会、慈善组织可能被一国免予征税，但他们如果属于该国税法规定的纳税义务范围，受该国税法的规范，则仍被认为负有纳税义务，可视为协定意义上的居民。

但是，在一国负有纳税义务的人未必都是该国居民。例如，某新加坡公民因工作需要，来中国境内工作产生了中国个人所得税纳税义务，但不应仅因其负有纳税义务而判定该个人为中国居民，而应根据中新税收协定关于个人居民的判定标准进一步确定其居民身份。

依　据

《国家税务总局关于印发〈《中华人民共和国政府和新加坡共和国政府关于对所得避免双重征税和防止偷漏税的协定》及议定书条文解释〉的通知》（国税发〔2010〕75 号）所附条文解释第四条

14. 我国对外签署的协定是如何协调双重居民身份的？

解　答

税收居民身份的判定依据往往由各国的国内法规定，但由于各国国内法规定的标准不同，有可能出现一个纳税人同时被两个国家认定为税收居民的情况，导致其具有双重居民身份。

目前我国已生效的税收协定中，对于同时是缔约国双方居民的个人基本采用“永久性住所—重要利益中心—习惯性居处—国籍”的先后顺序来协调，当采用上述标准依次判断仍然无法确定其身份时，可由缔约国双方主管当局按照协定“相互协商程序”条款规定的程序，通过相互协商解决；对于同时是缔约国双方居民的公司或其他团体应认定其是“实际管理机构”所在国的居民，如果其实际管理机构不能确定，应由缔约国双方主管当局按照协定的“相互协商程序”条款规定的程序，通过相互协商解决。

解　读

例 3－1　一家跨国公司在 A 国注册成立，但因实际管理机构在 B 国，于是该公司有可能同时被两国认定为本国的居民企业，这就形成了双重税收居民身份。

依　据

《国家税务总局关于印发〈《中华人民共和国政府和新加坡共和国政府关于对所得避免双重征税和防止偷漏税的协定》及议定书条文解释〉的通

知》(国税发〔2010〕75 号) 所附条文解释第四条

《国家税务总局关于印发〈中华人民共和国政府和新加坡共和国政府关于对所得避免双重征税和防止偷漏税的协定〉文本并请做好执行准备的通知》(国税函〔2007〕790 号) 第四条

15. 中国居民企业设在缔约国对方的常设机构从第三国取得的所得，适用什么税收协定纳税？

解 答

以中新税收协定为例，中国居民企业设在新加坡的常设机构是该中国居民企业的组成部分，其从第三国取得的所得，涉及缴纳第三国税款时适用中国与该第三国的协定。值得注意的是，中国居民企业设在新加坡的常设机构取得来源于中国境内的所得，在按我国国内法相关规定纳税时，该常设机构不能以新加坡居民身份对来源于中国境内的所得，向中国税务机关要求享受中新税收协定待遇。

依 据

《国家税务总局关于印发〈《中华人民共和国政府和新加坡共和国政府关于对所得避免双重征税和防止偷漏税的协定》及议定书条文解释〉的通知》(国税发〔2010〕75 号) 所附条文解释第四条

第四篇　常设机构

16. 什么是常设机构?

解　答

按照我国对外签订的税收协定的表述，常设机构是指企业进行全部或部分营业的固定营业场所。

常设机构是税收协定中的一个重要概念，这个概念主要用于确定缔约国一方对缔约国另一方企业利润的征税权。在我国与其他国家（地区）签订的税收协定中，按此确定在什么情况下中国税务机关可以对缔约对方国家（地区）的企业征税。

解　读

以中新税收协定为例，中新税收协定第七条规定，中国不得对新加坡企业的利润征税，除非该企业通过其设在中国的常设机构进行营业。也就是说，只有新加坡企业通过其设在中国的常设机构发生了经营活动，中国才有权对其营业利润征税。其背后的逻辑是常设机构所归属的企业因为深入参与了来源国的经济活动，因此来源国拥有对其征税的权利。

常设机构范围确定的宽窄，直接关系居民国与来源国之间税收分配的多寡。①

依　据

《国家税务总局关于印发〈中华人民共和国政府和新加坡共和国政府关于对所得避免双重征税和防止偷漏税的协定〉文本并请做好执行准备的通知》(国税函〔2007〕790号）第五条

《国家税务总局关于印发〈《中华人民共和国政府和新加坡共和国政府关于对所得避免双重征税和防止偷漏税的协定》及议定书条文解释〉的通知》(国税发〔2010〕75号）所附条文解释第五条

17. 什么是常设机构条款优先原则?

解　答

处理常设机构条款与协定其他相关条款关系时，通常应遵循常设机构条款优先的原则。例如，若据以支付股息、利息或特许权使用费的股权、债权、权利或财产等与常设机构有实际联系的，有关所得应该归属于常设机构的利润征税。

① 国家税务总局国际税务司．税收协定条款解读之三［EB/OL］.（2015－06－29）［2024－06－01］. http://www.chinatax.gov.cn/chinatax/n810219/n810744/n1671176/n1671186/c1705805/content.html.

解读

例4-1 新加坡A公司向中国B公司转让专有技术使用权的同时，也委派人员到中国境内为该项技术的使用提供有关支持、指导等服务并收取服务费，无论服务费是单独收取还是包括在技术价款中，该服务费均应视为特许权使用费，适用税收协定特许权使用费条款的规定。但如果上述人员提供的服务是通过新加坡A公司设在中国境内的某固定场所进行的或通过其他场所进行，服务时间达到协定规定构成常设机构的时间标准的，按协定常设机构条款规定，则构成了常设机构，对归属于常设机构部分的服务所得应执行税收协定营业利润条款的规定。

依据

《国家税务总局关于印发〈《中华人民共和国政府和新加坡共和国政府关于对所得避免双重征税和防止偷漏税的协定》及议定书条文解释〉的通知》(国税发〔2010〕75号）所附条文解释第五条

18. 常设机构一般定义具备哪些特点?

解答

一般而言，税收协定第五条第一款会对“常设机构”做一般定义。即，常设机构是指一个相对固定的营业场所。通常情况下，常设机构具备以下特点：

一是该营业场所是实质存在的；

二是该营业场所是相对固定的，并且在时间上具有一定的持久性；

三是全部或部分的营业活动是通过该营业场所进行的。

依　据

《国家税务总局关于印发〈《中华人民共和国政府和新加坡共和国政府关于对所得避免双重征税和防止偷漏税的协定》及议定书条文解释〉的通知》(国税发〔2010〕75 号）所附条文解释第五条

19. 构成常设机构的营业场所是实质存在的吗？

解　答

构成常设机构的营业场所是实质存在的，对这类场所需特别注意以下几个问题：

一是没有规模或范围上的限制。如机器、仓库、摊位等均可构成常设机构。但需注意，构成营业场所的必须是用于营业活动的、重要的有形物体，轻便的、可携带的机器、设备、工具不构成营业场所。①

二是不要求企业拥有使用该场所的正式法律权利，但企业必须对此场所拥有支配能力。无论房屋场地、设备或设施是企业自有的还是租用的，企业对其拥有支配能力，也可视为构成营业场所。

三是不要求有完整性。只要有一定可支配的空间，即可视为具有营业场所。作为营业场所的房屋、场地、设施或设备可以有一部分被用于其他

① 国家税务总局国际税务司．税收协定条款解读之三［EB/OL］.（2015 －06 －29）［2024 －06 － 01］. http：//www. chinatax. gov. cn/chinatax/n810219/n810744/n1671176/n1671186/c1705805/content. html.

活动。一个场所可能仅占用市场一角，或是长期租用的仓库的一部分（用于存放应税商品），或设在另一企业内部，等等。

解　读

例 4 –2　某油漆工人在两年的时间里每周花三天时间在其主要客户的办公大楼里工作。在这种情况下，该油漆工人在办公大楼内履行其最主要的营业职能（即粉刷油漆），这一存在构成了他的常设机构。①

依　据

《国家税务总局关于印发〈《中华人民共和国政府和新加坡共和国政府关于对所得避免双重征税和防止偷漏税的协定》及议定书条文解释〉的通知》（国税发〔2010〕75 号）所附条文解释第五条

《OECD 税收协定范本及注释》（2017 年版）第 5 条注释

20. 构成常设机构的营业场所是固定的吗？

解　答

该营业场所是相对固定的。该特征应从以下几个方面理解：

（1）固定的营业场所包括缔约国一方企业在缔约国另一方从事经营活动经登记注册设立的办事处、分支机构等固定场所，也包括为缔约国一方

① 经济合作与发展组织 . OECD 税收协定范本条款注释（2017 年版 · 上）［M］. 国家税务总局国际税务司，译 . 北京：中国税务出版社，2019：195 – 196.

企业提供服务而使用的办公室或其他类似的设施。

（2）对某些经常在相邻的地点之间移动的营业活动，虽然营业场所看似不固定，但如果这种在一定区域内的移动是该营业活动的固有性质，一般可认定为其存在单一固定场所。

在判断常设机构的固定性时，要综合考虑三个要素：是否有固定中心，是否有明确边界，以及是否有商业或地理上的一致性。①

解　读

例 4－3　非居民企业在我国从事经营活动，经登记注册设立的办事处、分支机构等固定场所，也包括为国内企业提供服务而使用的办公室或其他类似的设施，如在某酒店长期租用的房间。

例 4－4　某办事处根据需要在一个宾馆内租用不同的房间或租用不同的楼层，该宾馆可被视为一个营业场所。

例 4－5　某商人在同一个商场或集市内的不同地点设立摊位，该商场或集市也可构成该商人的营业场所。

依　据

《国家税务总局关于印发〈《中华人民共和国政府和新加坡共和国政府关于对所得避免双重征税和防止偷漏税的协定》及议定书条文解释〉的通知》（国税发〔2010〕75 号）所附条文解释第五条

① 国家税务总局国际税务司．税收协定条款解读之三［EB/OL］．（2015－06－29）［2024－06－01］．http：//www. chinatax. gov. cn/chinatax/n810219/n810744/n1671176/n1671186/c1705805/content. html.

21. 构成常设机构的营业场所在时间上是永久存在的吗?

解 答

营业场所在时间上不要求永久存在，但要求该营业场所应在时间上具有一定程度的持久性，而不是临时的。也就是说，既要考虑设立营业场所的目的，也要考虑其实际存续的时间。需要注意以下两点：

一是营业活动暂时的间断或者停顿并不影响场所时间上的持久性。

二是如果某一营业场所是基于短期使用目的而设立，但实际存在时间却超出了临时性的范围，则可构成固定场所并可追溯性地构成常设机构。反之，一个以持久性为目的的营业场所如果发生特殊情况，如投资失败提前清算，即使实际只存在了一段很短的时间，同样可以判定自其设立起就构成常设机构。

解 读

如果一个营业场所的设立是以长期使用为目的的，即使由于企业活动的特殊性质或其他原因而提前清算，其实际存在的时间很短，仍应视为常设机构；如果一个营业场所的设立是为了短期目的，事实上也如此，那么就不构成常设机构。但如果其实际存在超过了临时性质的期限，则可构成固定场所并可追溯性地构成常设机构。①

① 国家税务总局国际税务司．税收协定条款解读之三［EB/OL］．（2015－06－29）［2024－06－01］．http：//www. chinatax. gov. cn/chinatax/n810219/n810744/n1671176/n1671186/c1705805/content. html.

依　据

《国家税务总局关于印发〈《中华人民共和国政府和新加坡共和国政府关于对所得避免双重征税和防止偷漏税的协定》及议定书条文解释〉的通知》（国税发〔2010〕75 号）所附条文解释第五条

22. 构成常设机构的营业活动仅为生产经营活动吗?

解　答

构成常设机构的营业活动不仅包括生产经营活动，还包括非营利机构从事的业务活动，为该机构进行准备性或辅助性的活动除外。但此等非营利机构在中国的常设机构是否获得“营业利润”，则需要根据协定“营业利润”的条款规定再做判断。

解　读

A 国某非营利机构通过在我国设立的固定基地或场所从事业务活动。依据两国税收协定有关条款判定该业务活动不是为该机构进行准备性或辅助性活动，而具有经营性。我国税务机关应认为该非营利机构在我国的业务活动构成了常设机构。

依　据

《国家税务总局关于印发〈《中华人民共和国政府和新加坡共和国政府关于对所得避免双重征税和防止偷漏税的协定》及议定书条文解释〉的通

知》(国税发〔2010〕75 号) 所附条文解释第五条

23. 如何理解全部或部分的营业活动是"通过"该营业场所进行的?

解 答

"通过"该营业场所进行活动应作广义理解,包括企业在其可支配的地点从事活动的任何情形。例如,某道路修筑企业应被认为"通过"修筑行为发生地从事营业活动。

解 读

例 4－6 新加坡 A 设计公司与中国境内 B 房地产公司直接签订合同,为 B 公司建造的楼盘提供建筑设计服务。为便于设计服务的开展,A 公司派遣一名设计人员长驻 B 公司跟踪楼盘建造情况,随时按照建造情况修改或完善设计。

本例中,应认为该名设计人员的常驻设计服务活动构成了 A 公司在中国境内的营业场所,合同由 A 公司设在中国境内的营业场所履行,该场所为新加坡 A 公司与中国境内 B 公司形成客户关系做出了实质贡献。故尽管合同是新加坡 A 公司与中国境内 B 公司之间直接订立的,也应判定新加坡 A 公司"通过"该场所从事营业活动。

依 据

《国家税务总局关于印发〈《中华人民共和国政府和新加坡共和国政府

关于对所得避免双重征税和防止偷漏税的协定》及议定书条文解释〉的通知》（国税发〔2010〕75 号）所附条文解释第五条

24. 常设机构包括哪些类型？

解　答

除了“一般定义”的常设机构以外，税收协定还规定了几种特殊的常设机构形式，分别是工程型常设机构、劳务型常设机构和代理型常设机构。[①]

依　据

《国家税务总局关于印发〈《中华人民共和国政府和新加坡共和国政府关于对所得避免双重征税和防止偷漏税的协定》及议定书条文解释〉的通知》（国税发〔2010〕75 号）所附条文解释第五条

25. 通常情况下，“一般定义”的常设机构包括哪些机构或场所？

解　答

在通常情况下构成常设机构的场所有以下几种：

（1）管理场所；

---

① 国家税务总局国际税务司．税收协定条款解读之三［EB/OL］.（2015-06-29）［2024-06-01］. http://www.chinatax.gov.cn/chinatax/n810219/n810744/n1671176/n1671186/c1705805/content.html.

（2）分支机构；

（3）办事处；

（4）工厂；

（5）作业场所；

（6）矿场、油井或气井、采石场或者其他开采自然资源的场所。

解　读

需要注意的是，上述这些列举并非是穷尽的，并不影响对其他场所按照“常设机构”概括性的定义进行常设机构判定。在理解时应注意：

（1）列举中第一项“管理场所”是指代表企业负有部分管理职责的办事处或事务所等场所，不同于总机构，也不同于作为判定居民公司标准的“实际管理机构”。

（2）列举中最后一项“矿场、油井或气井、采石场或者其他开采自然资源的场所”是指经过投资，拥有开采经营权或与之相关的合同权益，并从事生产经营的场所。至于为勘探或开发上述矿藏资源的承包工程作业，则应按照税收协定“常设机构”条款中建筑工程型常设机构相关规定，根据作业持续的时间是否超过规定时间来判断其是否构成常设机构。

依　据

《国家税务总局关于印发〈中华人民共和国政府和新加坡共和国政府关于对所得避免双重征税和防止偷漏税的协定〉文本并请做好执行准备的通知》（国税函〔2007〕790 号）第五条

《国家税务总局关于印发〈《中华人民共和国政府和新加坡共和国政府关于对所得避免双重征税和防止偷漏税的协定》及议定书条文解释〉的通

知》(国税发〔2010〕75号)所附条文解释第五条

26. 构成工程型常设机构的判定标准是什么?

解　答

对于缔约国一方企业在缔约对方的建筑工地，建筑、装配或安装工程，或者与其有关的监督管理活动，仅在此类工地、工程或活动持续时间达到规定的时间的，构成常设机构。未达到该规定时间的则不构成常设机构，即使这些活动按照常设机构“一般定义”或列举构成常设机构的规定可能构成常设机构。

解　读

以中新税收协定为例，新加坡居民企业在中国境内从事(承包)某些如建筑、安装等工程项目及相关活动，依据中新税收协定的规定，如果这类工程项目或活动连续超过六个月，则构成常设机构。如果新加坡居民企业在中国境内从事上述业务活动的场所，按照常设机构“一般定义”或列举构成常设机构的规定可能构成常设机构，但从事上述业务活动的时间连续未超过六个月，则不构成常设机构。

依　据

《国家税务总局关于印发〈《中华人民共和国政府和新加坡共和国政府关于对所得避免双重征税和防止偷漏税的协定》及议定书条文解释〉的通知》(国税发〔2010〕75号)所附条文解释第五条

27. 构成工程型常设机构的“与其有关的监督管理活动”具体包括哪些内容？

解　答

“与其有关的监督管理活动”是指伴随建筑工地，建筑、装配或安装工程发生的监督管理活动，既包括在项目分包情况时，由分承包商进行作业，总承包商负责指挥监督的活动；也包括独立监理企业从事的监督管理活动。

依　据

《国家税务总局关于印发〈《中华人民共和国政府和新加坡共和国政府关于对所得避免双重征税和防止偷漏税的协定》及议定书条文解释〉的通知》(国税发〔2010〕75 号）所附条文解释第五条

28. 构成工程型常设机构的监督管理活动持续时间如何计算？

解　答

对由总承包商负责的监督管理活动，其时间的计算与整个工地、工程的持续时间一致；对由独立监理企业承包的监督管理活动，应视其为独立项目，并根据其负责监理的工地、工程或项目的持续时间进行活动时间的判定。

依　据

《国家税务总局关于印发〈《中华人民共和国政府和新加坡共和国政府关于对所得避免双重征税和防止偷漏税的协定》及议定书条文解释〉的通知》（国税发〔2010〕75号）所附条文解释第五条

29. 计算工程型常设机构的持续时间，应把握哪些原则？

解　答

计算确定工程型常设机构的持续时间时，应把握以下原则：

（1）可以按其所签订的合同从实施合同（包括一切准备活动）开始之日起，至作业（包括试运行作业）全部结束交付使用之日止进行计算（跨年度的应连续计算）。

（2）对工地、工程或者与其有关的监督管理活动开始计算其连续日期以后，因故（如设备、材料未运到或季节气候等原因）中途停顿作业，但工程作业项目并未终止或结束，人员和设备物资等也未全部撤出，应持续计算其连续日期，不得扣除中间停顿作业的日期。

（3）如果外国企业在中国一个工地或同一工程连续承包两个及两个以上作业项目，应从第一个项目作业开始至最后完成的作业项目止计算其在中国进行工程作业的连续日期，不以每个工程作业项目分别计算。所谓为一个工地或同一工程连续承包两个及两个以上作业项目，是指在商务关系和地理上是同一整体的几个合同项目，不包括该企业承包的或者是以前承包的与本工地或工程没有关联的其他作业项目。

（4）如果企业将承包工程作业的一部分转包给其他企业，分包商在建筑工地施工的时间应算作总包商在建筑工程上的施工时间。如果分包商实施合同的日期在前，可自分包商开始实施合同之日起计算该企业承包工程作业的连续日期。同时，不影响分包商就其所承担的工程作业单独判定其是否构成常设机构。

解　读

例4－7　新加坡居民企业A公司在我国境内承建一条公路，于2021年4月1日开始建造，由于气候不好或原料缺乏，于10月1日停工，次年1月1日复工，最后于2022年7月1日竣工。由于气候不好或原料缺乏导致的中途停工时间不得扣除，工地自开始之日（4月1日）起至全部竣工（次年7月1日）共持续了15个月，故本例中该建筑工地应视为常设机构。

例4－8　一个建筑工地从商务关系和地理位置上形成不可分割的整体时，即使分别签订几个合同，该建筑工地仍为单一的整体。如一些修建公路、挖掘运河、安装水管、铺设管道等活动，其工程作业地点是随工程进展不断改变或迁移的，虽然在某一特定地点工作时间连续未达到规定时间，但要从整体工程看是否达到构成常设机构的时间。

依　据

《国家税务总局关于印发〈《中华人民共和国政府和新加坡共和国政府关于对所得避免双重征税和防止偷漏税的协定》及议定书条文解释〉的通知》（国税发〔2010〕75号）所附条文解释第五条

30. 如何理解项目具有商业相关性或连贯性?

解　答

同一企业从事的有商业相关性或连贯性的若干个项目应视为“同一项目或相关联的项目”。这里所说的“商业相关性或连贯性”，需视具体情况而定，在判断若干个项目是否为关联项目时，应考虑下列因素：

（1）这些项目是否被包含在同一个总合同里；

（2）如果这些项目分属于不同的合同，这些合同是否与同一人或相关联的人所签订；前一项目的实施是否是后一项目实施的必要条件；

（3）这些项目的性质是否相同；

（4）这些项目是否由相同的人员实施；等等。

解　读

例 4－9　某油漆工人在某办公大楼里依据一系列不相关的合同，为一些不相关的客户连续工作，不能被认为构成油漆该大楼的单一项目，因而该建筑物不应被认为是该项工作的单一营业场所。然而，若油漆工人在一个单一合同下为一个客户在整个大楼内工作，该项工作则会构成该油漆工人的单一项目，并且该建筑物整体在商业和地理上构成一个不可分割的整体，因而可以被视为该项工作的单一营业场所。[1]

---

① 经济合作与发展组织．OECD 税收协定范本条款注释（2017 年版·上）［M］. 国家税务总局国际税务司，译．北京：中国税务出版社，2019：199.

例 4－10 某个顾问分别在一家银行位于各地的分支机构进行培训雇员的工作项目，那么每个分支机构应分别予以考虑。然而，如果该顾问是在同一分支机构所在地的各个办事处间来回进行培训，那么应认为他始终在同一营业场所工作。[①]

依 据

《国家税务总局关于印发〈《中华人民共和国政府和新加坡共和国政府关于对所得避免双重征税和防止偷漏税的协定》及议定书条文解释〉的通知》（国税发〔2010〕75 号）所附条文解释第五条

《OECD 税收协定范本及注释》（2017 年版）第 5 条注释

31. 构成劳务型常设机构的判定标准是什么？

解 答

依据我国对外签订的税收协定的规定，构成劳务型常设机构的判定标准通常是：缔约国一方企业派其雇员或其雇佣的其他人员到缔约对方提供劳务，仅以任何十二个月内这些人员为从事劳务活动在对方停留连续或累计超过 183 天的，构成常设机构。构成常设机构具体时间的判定以具体的税收协定规定为准。

---

① 经济合作与发展组织．OECD 税收协定范本条款注释（2017 年版・上）［M］．国家税务总局国际税务司，译．北京：中国税务出版社，2019：199.

解　读

例 4－11　某新加坡居民企业派遣其员工到我国境内从事劳务活动。该员工自 2019 年 2 月 1 日进入我国境内从事劳务活动，于 2019 年 9 月 1 日完成工作任务返回新加坡。依据中新税收协定规定，该企业派遣雇员在我国境内提供劳务活动在 12 个月内停留连续超过 183 天，该派遣劳务活动构成在我国的常设机构。

依　据

《国家税务总局关于印发〈《中华人民共和国政府和新加坡共和国政府关于对所得避免双重征税和防止偷漏税的协定》及议定书条文解释〉的通知》（国税发〔2010〕75 号）所附条文解释第五条

32. 构成劳务型常设机构的劳务活动范围是什么？

解　答

构成劳务型常设机构的劳务活动，指从事工程、技术、管理、设计、培训、咨询等专业服务活动。例如：

（1）对工程作业项目的实施提供技术指导、协助、咨询等服务（不负责具体的施工和作业）；

（2）对生产技术的使用和改革、经营管理的改进、项目可行性分析以及设计方案的选择等提供的服务；

（3）在企业经营、管理等方面提供的专业服务，等等。

依 据

《国家税务总局关于印发〈《中华人民共和国政府和新加坡共和国政府关于对所得避免双重征税和防止偷漏税的协定》及议定书条文解释〉的通知》(国税发〔2010〕75号)所附条文解释第五条

33. 计算劳务型常设机构的持续时间，应把握哪些原则？

解 答

以中新税收协定为例，对劳务活动在任何十二个月中连续或累计超过183天的规定，应从以下几个方面掌握：

(1) 若某新加坡企业为中国境内某项目提供劳务（包括咨询劳务），以该企业派其雇员为实施服务项目第一次抵达中国之日期起至完成并交付服务项目的日期止作为计算期间，计算相关人员在中国境内的停留天数。

(2) 具体计算时，应按所有雇员为同一个项目提供劳务活动不同时期在中国境内连续或累计停留的时间来掌握，对同一时间段内的同一批人员的工作不分别计算。

(3) 如果同一个项目历经数年，新加坡企业只在某一个“十二个月”期间派雇员来中国境内提供劳务超过183天，而在其他期间内派人到中国境内提供劳务未超过183天，仍应判定该企业在中国构成常设机构。

解 读

例4－12 新加坡企业为某项目派遣10名员工在中国境内工作3天，这些员工在中国境内的工作时间为3天，而不是按每人3天共30

天来计算。

例 4－13　某新加坡企业派遣 50 名员工到我国境内提供劳务项目，该劳务项目分两个年度进行。第一批员工于 2021 年 1 月 1 日到我国境内开始工作，于 2021 年 4 月 20 日完成阶段性工作返回新加坡；第二批员工于 2022 年 5 月 1 日到我国境内开始工作，于 2022 年 11 月 30 日完成阶段性工作返回新加坡。

本例中，项目虽历经两年，但仅第二批员工在自 2022 年 5 月 1 日起的 12 个月期间来华超过 183 天。由于常设机构是针对该企业在中国境内为整个项目提供的所有劳务而言，而不是针对某一个“十二个月”期间内提供的劳务，故依据中新税收协定规定，该新加坡企业派员到我国境内提供劳务构成在我国的常设机构。

依　据

《国家税务总局关于印发〈《中华人民共和国政府和新加坡共和国政府关于对所得避免双重征税和防止偷漏税的协定》及议定书条文解释〉的通知》（国税发〔2010〕75 号）所附条文解释第五条

34. 不具有法人资格的中外合作办学机构是否构成在我国的常设机构？

解　答

不具有法人资格的中外合作办学机构构成在我国的常设机构。根据国家税务总局公告 2018 年第 11 号，自 2018 年 4 月 1 日起，不具有法人资格的中外合作办学机构，以及中外合作办学项目中开展教育教学活动的场所构成税收协定缔约对方居民在中国的常设机构。

依 据

《国家税务总局关于税收协定执行若干问题的公告》(国家税务总局公告2018年第11号)

35. 常设机构条款中关于劳务活动构成常设机构的持续时间表述，自2018年4月1日起有何变化？

解 答

根据国家税务总局公告2018年第11号，自2018年4月1日起，常设机构条款中关于劳务活动构成常设机构的表述为“在任何十二个月中连续或累计超过六个月”的，按照“在任何十二个月中连续或累计超过183天”的表述执行。

依 据

《国家税务总局关于税收协定执行若干问题的公告》(国家税务总局公告2018年第11号)

36. 构成代理型常设机构的判定标准是什么？

解 答

缔约国一方企业通过代理人在另一方进行活动，如果代理人有权并经常行使这种权力以该企业的名义签订合同，则该企业在缔约国另一方构成常设机构。

解　读

例 4－14　新加坡居民企业 A 公司是一家道路、桥梁、电站建筑设计公司。2019 年 3 月，A 公司委托中国境内个人张某（非独立代理人），让他以 A 公司的名义在中国境内代为寻找客户、参与合同谈判、商定合同条文并负责签订工程建设及设计合同。2019 年 10 月，张某经过 8 个月的工作，代表企业签订了 3 单工程建设合同，合同金额 5000 万美元。依据中新税收协定的规定，张某在我国境内为该企业进行的上述活动构成 A 公司在我国的常设机构。

依　据

《国家税务总局关于印发〈《中华人民共和国政府和新加坡共和国政府关于对所得避免双重征税和防止偷漏税的协定》及议定书条文解释〉的通知》（国税发〔2010〕75 号）所附条文解释第五条

37. 判定构成代理型常设机构应综合考虑哪些因素？

解　答

判定构成代理型常设机构应综合考虑以下因素：

（1）代理人应是“非独立代理人”。非独立代理人可以是个人，也可以是办事处、公司或其他任何形式的组织，不一定被企业正式授予代表权，也不一定是企业的雇员或部门。此外，非独立代理人不一定是代理活动所在国家的居民，也不一定在该国拥有营业场所。

（2）以被代理人名义签订合同。包括不是以企业名义签订合同，但其所签合同仍对企业具有约束力的情形。“签订”不仅指合同的签署行为本身，也包括代理人有权代表被代理企业参与合同谈判，商定合同条文等。

（3）签订的“合同”是指与被代理企业经营活动本身相关的业务合同，不包括仅涉及企业内部事务的合同。

（4）代理人必须经常行使签订合同的权力。对于“经常”一语并无精确统一的标准，要结合合同性质、企业的业务性质以及代理人相关活动的频率等综合判断。

（5）所谓“行使”权力应以实质重于形式的原则来理解。如果代理人在该缔约国另一方进行合同细节谈判等各项与合同签订相关的活动，且对企业有约束力，即使该合同最终由其他人在企业所在国或其他国家签订，也应认为该代理人在该缔约国另一方行使合同签署权力。

（6）如果代理人在缔约国另一方的活动仅限于常设机构条款规定的准备性或辅助性范围，则不构成企业的非独立代理人（或常设机构）。

（7）判断一方企业是否通过非独立代理人在另一方构成常设机构时，不受工程型、劳务型常设机构关于时间要求的限制。

解 读

例 4 –15 代理人以某企业名义聘用员工以协助代理人为该企业工作等，不能仅凭此认定代理人构成企业的常设机构。

例 4 –16 在某些情况下，企业的业务性质决定了其交易数量不大，但合同签订的相关工作却要花费大量时间，如飞机、巨型轮船或其他高价值商品的销售。如果代理人为这类企业在一国境内寻找买商、参与销售谈判等，即使该人仅代表企业签订了一单销售合同，也应认为该代理人满足“经常”标准，构成企业的非独立代理人。

依　据

《国家税务总局关于印发〈《中华人民共和国政府和新加坡共和国政府关于对所得避免双重征税和防止偷漏税的协定》及议定书条文解释〉的通知》（国税发〔2010〕75号）所附条文解释第五条

38. 子公司是否构成母公司的常设机构?

解　答

母公司通过投资设立子公司，拥有子公司的股权等形成的控制或被控制关系，不会使子公司构成母公司的常设机构。从税收角度看，子公司本身是一个独立的法人实体，即使它在业务上受母公司管理，也不应仅凭此而被视为母公司的常设机构。

但是，由于母子公司之间的特殊关系，现实经济活动中，母子公司之间常存在较为复杂的跨境人员及业务往来。这种情况下，母公司在子公司的活动是否导致母公司在子公司所在国构成常设机构，应从以下几个方面把握：

（1）应子公司要求，由母公司派人员到子公司为子公司工作，这些人员受雇于子公司，子公司对其工作有指挥权，工作责任及风险与母公司无关，由子公司承担，那么，这些人员的活动不导致母公司在子公司所在国构成常设机构。

（2）母公司派人员到子公司为母公司工作时，应按常设机构条款“一般定义”或工程型、劳务型常设机构的规定判断母公司是否在子公司所在国构成常设机构。符合下列标准之一时，可判断这些人员为母公司工作：

①母公司对上述人员的工作拥有指挥权，并承担风险和责任；

②被派往子公司工作的人员的数量和标准由母公司决定；

③上述人员的工资由母公司负担；

④母公司因派人员到子公司从事活动而从子公司获取利润。

（3）子公司有权并经常以母公司名义签订合同，符合“非独立代理人”有关条件的，子公司构成母公司的常设机构。

依　据

《国家税务总局关于印发〈《中华人民共和国政府和新加坡共和国政府关于对所得避免双重征税和防止偷漏税的协定》及议定书条文解释〉的通知》（国税发〔2010〕75 号）所附条文解释第五条

39. 税收协定列举的从事“准备性质或辅助性质”活动不构成常设机构的情况有哪些？

解　答

税收协定对不构成“常设机构”的场所、设施或活动做了如下列举：

（1）专为储存、陈列或者交付本企业货物或者商品的目的而使用的设施；

（2）专为储存、陈列或者交付的目的而保存本企业货物或者商品的库存；

（3）专为另一企业加工的目的而保存本企业货物或者商品的库存；

（4）专为本企业采购货物或者商品，或者搜集情报的目的所设的固定营业场所；

（5）专为本企业进行其他准备性或辅助性活动的目的所设的固定营业场所；

（6）专为上述第（1）项至第（5）项活动的结合所设的固定营业场所，如果由于这种结合使该固定营业场所的全部活动属于准备性质或辅助性质。

依　据

《国家税务总局关于印发〈中华人民共和国政府和新加坡共和国政府关于对所得避免双重征税和防止偷漏税的协定〉文本并请做好执行准备的通知》（国税函〔2007〕790号）第五条

40. 从事“准备性或辅助性”活动的场所通常具备哪些特点？

解　答

从事“准备性或辅助性”活动的场所通常具备以下特点：

一是该场所不独立从事经营活动，且其活动也不构成企业整体活动基本的或重要的组成部分；

二是该场所进行税收协定列举的“准备性或辅助性”活动时，仅为本企业服务，不为其他企业服务；

三是其职责限于事务性服务，且不起直接营利作用。

解 读

例 4－17 某新加坡企业的主营业务是为客户提供采购服务并收取服务费，该企业在中国设立办事处，为其在中国进行采购活动。在这种情况下，该中国办事处的采购活动看似属于税收协定列举的“准备性或辅助性”活动中的“专为本企业采购货物或者商品”的范围，但由于该办事处业务性质与新加坡企业总部的业务性质完全相同，所以该办事处的活动不是准备性或辅助性的。

例 4－18 某新加坡企业在中国境内设有固定场所，维修、保养该企业销售给中国客户的机器设备，或专为中国客户提供零配件。这种情况下，因其从事的活动是企业总部为客户服务的基本及重要组成部分，所以该固定场所的活动不是准备性或辅助性的。

例 4－19 某新加坡企业在中国设立从事宣传活动的办事处，该办事处不仅为本企业进行业务宣传，同时也为其他企业进行业务宣传。这种情况下，该办事处的活动不是准确性或辅助性的。

依 据

《国家税务总局关于印发〈《中华人民共和国政府和新加坡共和国政府关于对所得避免双重征税和防止偷漏税的协定》及议定书条文解释〉的通知》（国税发〔2010〕75 号）所附条文解释第五条

41. 固定场所从事“准备性或辅助性”活动，又从事构成常设机构的活动，是否构成常设机构?

解　答

如果某固定场所既从事“准备性或辅助性”等不构成常设机构的活动，又从事构成常设机构的活动，则应视其构成常设机构，并对这两项营业活动的所得合并征税。

解　读

例 4 –20　企业用于交付货物的仓库同时也兼营商品销售，应判定为常设机构并征税。

依　据

《国家税务总局关于印发〈《中华人民共和国政府和新加坡共和国政府关于对所得避免双重征税和防止偷漏税的协定》及议定书条文解释〉的通知》(国税发〔2010〕75 号) 所附条文解释第五条

第五篇　不动产所得

42. 什么是税收协定意义上的不动产？

解　答

根据《中华人民共和国政府和新加坡共和国政府关于对所得避免双重征税和防止偷漏税的协定》，“不动产”在任何情况下应包括附属于不动产的财产，农业和林业所使用的牲畜和设备，有关地产的一般法律规定所适用的权利，不动产的用益权以及由于开采或有权开采矿藏、水源和其他自然资源取得的不固定或固定收入的权利。船舶和飞机不应视为不动产。

依　据

《国家税务总局关于印发〈中华人民共和国政府和新加坡共和国政府关于对所得避免双重征税和防止偷漏税的协定〉文本并请做好执行准备的通知》（国税函〔2007〕790 号）第六条

43. 什么是税收协定意义上的不动产所得?

解　答

不动产所得，是指在不动产所有权不转移的情况下，使用不动产所获得的收益，包括直接使用、出租或者以任何其他形式使用该不动产取得的所得。而对不动产所有权转移产生的所得，应适用税收协定财产收益条款。此外，有一些所得的取得尽管与不动产有关，但不属于不动产所得的范围。

解　读

来源于房地产抵押的利息收入属于税收协定利息范围，不属于不动产所得。

依　据

《国家税务总局关于印发〈《中华人民共和国政府和新加坡共和国政府关于对所得避免双重征税和防止偷漏税的协定》及议定书条文解释〉的通知》(国税发〔2010〕75 号) 所附条文解释第六条

44. 不动产所得在哪方征税？

解 答

对于不动产所得，不动产所在国有征税权。

解 读

例5－1 某新加坡企业将其位于中国境内的厂房出租给中国企业使用，收取租金100万元。该厂房属于不动产，100万元的租金收入属于不动产所得，按照不动产所在国优先征税权，由中国主管税务机关征税。

依 据

《国家税务总局关于印发〈《中华人民共和国政府和新加坡共和国政府关于对所得避免双重征税和防止偷漏税的协定》及议定书条文解释〉的通知》（国税发〔2010〕75号）所附条文解释第六条

第六篇　营业利润

45. 什么是税收协定意义上的营业利润？

解　答

营业利润，是指缔约国一方企业在缔约国另一方的营业活动产生的利润。协定条款明确，缔约国一方企业在缔约国另一方的营业活动只有在构成常设机构前提下，缔约国另一方才能征税，并且只能就归属于常设机构的利润征税。

依　据

《国家税务总局关于印发〈《中华人民共和国政府和新加坡共和国政府关于对所得避免双重征税和防止偷漏税的协定》及议定书条文解释〉的通知》（国税发〔2010〕75 号）所附条文解释第七条

46. 外国公司在我国从事经营活动构成常设机构，确定其常设机构的营业利润应适用什么原则？

解 答

确定常设机构营业利润应适用三条原则：常设机构原则、利润归属原则、独立企业原则。①

常设机构原则，是指缔约国一方企业只有在缔约国另一方构成常设机构的情况下，缔约国另一方才能对其利润征税。也就是说，缔约国一方企业的经营活动如果在缔约国另一方，即来源国，没有达到构成常设机构的程度，来源国不能对其取得的利润征税，而只能由居民国行使征税权。相反，如果构成了常设机构，则说明缔约国一方企业在缔约国另一方的经营活动或经济参与达到了一定程度，缔约国另一方可以据此取得对其营业利润的征税权。②

利润归属原则，是指缔约国另一方对缔约国一方企业在其境内设立或构成的常设机构进行征税时，应仅以归属于该常设机构的利润为限。③这里所称的“归属于该常设机构的利润”不仅包括该常设机构取得的来源于中国境内的利润，还包括其在中国境内外取得的与该常设机构有实际联系的各类所得，包括股息、利息、租金和特许权使用费等所得。这里所说实际联系一般是指对股份、债权、工业产权、设备及相关活动等，具有直接拥有关系或实际经营管理等关系。

独立企业原则，即对常设机构要作为一个独立的纳税实体对待，常设

---

①②③ 国家税务总局国际税务司．税收协定条款解读之五［EB/OL］．（2015－06－29）［2024－06－01］．http：//www. chinatax. gov. cn/chinatax/n810219/n810744/n1671176/n1671186/c1706967/content. html.

机构不论是同其总机构的营业往来，还是同该企业的其他常设机构之间的营业往来，都应按公平交易原则，以公平市场价格为依据计算归属于该常设机构的利润。

依　据

《国家税务总局关于印发〈《中华人民共和国政府和新加坡共和国政府关于对所得避免双重征税和防止偷漏税的协定》及议定书条文解释〉的通知》（国税发〔2010〕75 号）所附条文解释第七条

47. 常设机构营业利润的核算方式有哪些？

解　答

一般情况下，如果常设机构的独立账目可以真实反映其利润水平，应该按照该账目计算归属常设机构的利润。当常设机构利润不能通过账目进行核算时，可以依据公式分配企业的总利润，从而确定归属常设机构的利润。

依　据

《国家税务总局关于印发〈《中华人民共和国政府和新加坡共和国政府关于对所得避免双重征税和防止偷漏税的协定》及议定书条文解释〉的通知》（国税发〔2010〕75 号）所附条文解释第七条

48. 本年度已经确定的常设机构利润分配方法，第二年可以随意更改吗？

解 答

不可以随意更改。除有适当的和充分的理由需要变动外，每年应采用相同的方法确定属于常设机构的利润。一旦确定使用了某种利润分配方法，就不应该仅因为在某一特定年度其他方法会产生更有利于税收的结果而改变既定方法，以确保纳税人税收待遇的连续性和稳定性。

依 据

《国家税务总局关于印发〈中华人民共和国政府和新加坡共和国政府关于对所得避免双重征税和防止偷漏税的协定〉文本并请做好执行准备的通知》（国税函〔2007〕790 号）第七条

《国家税务总局关于印发〈《中华人民共和国政府和新加坡共和国政府关于对所得避免双重征税和防止偷漏税的协定》及议定书条文解释〉的通知》（国税发〔2010〕75 号）所附条文解释第七条

49. 在计算常设机构利润时，哪些费用可以扣除？

解 答

在计算常设机构利润时，为该常设机构发生的费用，不论发生于何处，都应允许扣除。包括有些不是直接体现为常设机构实际发生的费用，如总机构向常设机构分摊的行政和一般管理费用等。但这些费用必须是因常设机构发生的且分摊比例应在合理范围内。在实际执行中，企业应提供费用汇集范围、费用定额、分配依据和方法等资料，以证明费用的合理性。

依　据

《国家税务总局关于印发〈《中华人民共和国政府和新加坡共和国政府关于对所得避免双重征税和防止偷漏税的协定》及议定书条文解释〉的通知》(国税发〔2010〕75 号) 所附条文解释第七条

50. 如果常设机构在从事其他经营活动的同时为总机构采购货物或商品，其从事采购活动取得的利润能否视为常设机构的利润?

解　答

常设机构为本企业采购货物和商品，不视为常设机构在采购活动中取得利润，不应按利润归属的方法计算或核定常设机构在采购活动中获得利润。与此相对应，在计算常设机构的应纳税所得时，也不应列支其上述采购活动发生的费用。需要特别注意的是，本规定仅适用于既从事其他经营活动，又为本企业从事采购活动的常设机构。如果某一机构仅为本企业采购商品或货物，则符合准备性、辅助性特征，不应认定该机构构成常设机构。

依　据

《国家税务总局关于印发〈《中华人民共和国政府和新加坡共和国政府

关于对所得避免双重征税和防止偷漏税的协定》及议定书条文解释〉的通知》(国税发〔2010〕75 号)所附条文解释第七条

51. 利润中如果包括营业利润和其他条款单独规定的所得时，应适用什么条款?

解 答

企业取得的“利润”既包括从事营业活动取得的经营性所得，也包括其他类型的所得，如不动产所得、股息、利息等，而对这些其他类型所得的征税原则，协定都有单独的条款规定，所以企业取得的其他各类所得应按协定各相关条款处理，即其他条款优先。但这一原则仅适用于企业本身取得的所得，如果各类所得由企业设在缔约对方的常设机构取得或与常设机构有实际联系，则不论协定是否对各类所得有单独条款规定，仍应优先执行协定营业利润条款的规定。

依 据

《国家税务总局关于印发〈《中华人民共和国政府和新加坡共和国政府关于对所得避免双重征税和防止偷漏税的协定》及议定书条文解释〉的通知》(国税发〔2010〕75 号)所附条文解释第七条

第七篇　海运和空运

52. 什么是税收协定意义上的国际运输收入？

解　答

从事国际运输业务取得的收入包括以下内容：

（1）企业以船舶或飞机经营客运或货运取得的收入，以及以程租、期租形式出租船舶或以湿租形式出租飞机（包括所有设备、人员及供应）取得的租赁收入。

（2）企业从事以光租形式出租船舶或以干租形式出租飞机，以及使用、保存或出租用于运输货物或商品的集装箱（包括拖车和运输集装箱的有关设备）等租赁业务取得的收入不属于国际运输收入，但根据税收协定“海运和空运”条款，附属于国际运输业务的上述租赁业务收入应视同国际运输收入处理。

（3）下列与国际运输业务紧密相关的收入应作为国际运输收入的一部分：

①为其他国际运输企业代售客票取得的收入；

②从市区至机场运送旅客取得的收入；

③通过货车从事货仓至机场、码头或者后者至购货者间的运输，以及

直接将货物发送至购货者取得的运输收入；

④企业仅为其承运旅客提供中转住宿而设置的旅馆取得的收入。

（4）“缔约国一方企业从附属于以船舶或飞机经营国际运输业务有关的存款中取得的利息收入”，是指缔约国双方从事国际运输业务的海运或空运企业，从对方取得的运输收入存于对方产生的利息。该利息不适用税收协定关于利息的规定，应视为国际运输业务附带发生的收入，在来源国免予征税。

（5）非专门从事国际运输业务的企业，以其拥有的船舶或飞机经营国际运输业务取得的收入属于国际运输收入。

解 读

例 7－1 中国境内某企业委托新加坡运输公司将一批货物通过海运的方式从宁波港运到新加坡港，双方约定运费 5 万美元。由于外汇紧张，双方约定该费用暂存放于该境内企业，待 3 个月后再支付给新加坡运输公司，并约定利息。本例中，该利息收入应视为国际运输业务附带发生的收入可享受中新税收协定“海运和空运”条款，在中国免予征收企业所得税。

例 7－2 中国境内 A 麻花公司生产的小麻花中外闻名。2020 年 12 月新加坡 B 公司慕名而来，双方谈定 A 公司当月销售一批麻花给 B 公司，配合其占领新年市场。由于时间紧急，A 公司没有联系到合适的运输公司，但通过其他渠道了解到，有一艘新加坡药油生产公司的轮船临时停靠在宁波港，将于近期返回新加坡港，于是委托该药油生产公司将小麻花运输至新加坡港，并按市场价格支付运费。本例中，新加坡药油生产公司收到的运费属于国际运输收入，可享受中新税收协定待遇，在中国免予征收企业所得税。

例7－3　法国某航空公司专门从事广州—安卡拉—巴黎航线经营，旅客乘坐该公司飞机前往巴黎需要在安卡拉埃森博阿国际机场转机，并在埃森博阿国际机场旁边的巴黎豪情酒店（专门提供中转住宿）住宿一晚，当地时间早上9点再乘坐飞机从安卡拉到巴黎。本例中，法国航空公司仅为其承运旅客提供中转住宿而设置的旅馆取得的收入，属于与国际运输业务紧密相关的收入，应作为国际运输收入的一部分。法国航空公司取得的住宿费收入应并入国际运输收入中，可享受中法税收协定待遇，在中国免予征收企业所得税。

例7－4　日本A航空公司在从事客运时，代日本B航空公司销售机票。本例中，该代售行为取得的收入属于与国际运输业务紧密相关的收入，应作为国际运输收入的一部分。日本A航空公司代售客票取得的收入可享受中日税收协定待遇，在中国免予征收企业所得税。

依据

《国家税务总局关于税收协定执行若干问题的公告》（国家税务总局公告2018年第11号）

53. 税收协定中的国际运输包括哪些运输方式？

解答

我国对外签订的税收协定一般包括海运和空运，同时在与少数国家（地区）的税收协定（安排）中，国际运输的范围还包括以船舶或飞机以外的其他方式（如铁路或陆运车辆等）经营国际运输业务。

解　读

在我国与土耳其、哈萨克斯坦、吉尔吉斯斯坦的税收协定，内地与香港、澳门的税收安排中，国际运输方式包括陆运车辆；与乌兹别克斯坦、老挝、土库曼斯坦的税收协定中包括公路车辆；与塔吉克斯坦的税收协定中包括公路或铁路车辆。

54. 我国对非居民企业从事国际运输取得的收入是否有征税权?

解　答

我国对外签订的税收协定一般表述为："缔约国一方企业以船舶或飞机从事国际运输业务从缔约国另一方取得的收入，在缔约国另一方免予征税。"此免税规定也适用于参加合伙经营、联合经营或参加国际经营机构取得的收入。

我国签订的大多数税收协定中，国际运输所得均采用居民国独占征税权原则，或者总机构或实际管理机构所在国独占征税权原则，仅有少数协定给予来源国部分征税权。[①]

依　据

《国家税务总局关于税收协定执行若干问题的公告》（国家税务总局公告 2018 年第 11 号）第二条、第三条

① 国家税务总局国际税务司．税收协定条款解读之六［EB/OL］．（2015－06－29）［2024－06－01］. https：//www. chinatax. gov. cn/chinatax/n810219/n810744/n1671176/n1671186/c1707014/content. html.

55. 多家公司联合开展国际运输，如何适用税收协定？

解　答

对于多家公司联合经营国际运输业务的税务处理，应由各参股或合作企业就其分得利润分别在其所属居民国纳税。

解　读

例7－5　境内某公司委托境外运输公司将一批药品从宁波港运到印度孟买，此次运输由新加坡海运公司和印度海运公司联合承担。其中，宁波港到新加坡港一段由新加坡海运公司承担，新加坡港到孟买港一段由印度海运公司承担。本例中，新加坡海运公司和印度海运公司取得的运费收入应根据协定规定就其分得利润分别在其所属居民国纳税。

依　据

《国家税务总局关于税收协定执行若干问题的公告》（国家税务总局公告2018年第11号）第二条

56. 如何理解海运和空运条款中的“附属”概念？

解　答

“附属”是指与国际运输业务有关且服务于国际运输业务，属于支持和附带性质。企业就其从事附属于国际运输业务的以光租形式出租船舶或以干租形式出租飞机，以及使用、保存或出租用于运输货物或商品的集装箱（包括拖车和运输集装箱的有关设备）等租赁业务取得的收入享受海运和空运条款协定待遇，应满足以下三个条件：

（1）企业工商登记及相关凭证资料能够证明企业主营业务为国际运输；

（2）企业从事的附属业务是其在经营国际运输业务时，从事的对主营业务贡献较小但与主营业务联系非常紧密、不能作为一项单独业务或所得来源的活动；

（3）在一个会计年度内，企业从事附属业务取得的收入占其国际运输业务总收入的比例原则上不超过10%。

解读

例7－6 新加坡X海运公司是一家专门从事海洋运输的公司。2020年4月，公司将一个位于宁波港的用于运输货物的集装箱出租给境内某摄像头生产公司，租期两个月，到期后新加坡X海运公司收取租金。新加坡X海运公司主营国际运输业务，从事集装箱租赁业务取得的收入占其国际运输业务总收入的比例不超过10%，且集装箱租赁业务对主营业务贡献较小，但与主营业务联系非常紧密、不能作为一项单独业务或所得来源的活动。本例中，新加坡X海运公司出租集装箱作为附属于国际运输业务的租赁业务，取得的收入应视同国际运输收入处理，可以享受中新税收协定海运和空运条款待遇。

依据

《国家税务总局关于税收协定执行若干问题的公告》（国家税务总局公告2018年第11号）第二条

第八篇　联属企业

57. 什么叫联属企业？

解　答

缔约国一方企业与另一方企业间存在特殊关系，即属于联属企业（如母子公司和共同受控的公司）。在下列任何一种情况下：（1）缔约国一方企业直接或者间接参与缔约国另一方企业的管理、控制或资本；或者（2）同一人直接或者间接参与缔约国一方企业和缔约国另一方企业的管理、控制或资本，则这两个企业构成联属企业。

解　读

例 8－1　美国 A 集团公司在荷兰设立子公司 B，在卢森堡设立子公司 C，在墨西哥设立分公司 D，如图 8－1 所示，那么，A 集团公司、B 公司、C 公司、D 公司相互之间均构成联属企业。

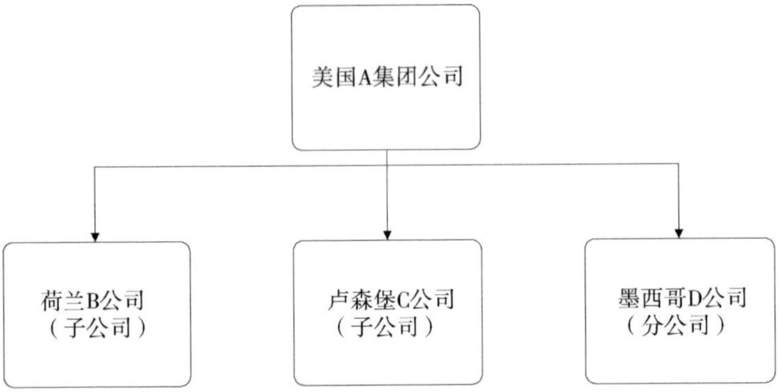

图 8－1　企业关系

依　据

《国家税务总局关于印发〈中华人民共和国政府和新加坡共和国政府关于对所得避免双重征税和防止偷漏税的协定〉文本并请做好执行准备的通知》（国税函〔2007〕790 号）第九条

《国家税务总局关于印发〈《中华人民共和国政府和新加坡共和国政府关于对所得避免双重征税和防止偷漏税的协定》及议定书条文解释〉的通知》（国税发〔2010〕75 号）所附条文解释第九条

58. A 国某企业、B 国某企业属于联属企业，两企业间交易存在不符合公平市场原则的情形，A 国税务机关可以对 A 国该企业账目进行调整吗？

解　答

可以。如果两个企业之间建立商业或财务关系的条件不同于独立企业之间建立商业或财务关系的条件，并且关于这些条件的存在，导致其中一个企业没有取得其本应取得的利润，则可以将这部分利润计入该企业的所得，并据以征税。当缔约国一方企业的财务账目不能反映其发生于 A 国的真实利润水平时，该国税务机关可以对该企业账目进行调整。

依　据

《国家税务总局关于印发〈中华人民共和国政府和新加坡共和国政府关于对所得避免双重征税和防止偷漏税的协定〉文本并请做好执行准备的通知》（国税函〔2007〕790 号）第九条

《国家税务总局关于印发〈《中华人民共和国政府和新加坡共和国政府关于对所得避免双重征税和防止偷漏税的协定》及议定书条文解释〉的通知》（国税发〔2010〕75 号）所附条文解释第九条

59. A 国税务机关对联属企业之间的交易做了重新调整，B 国税务机关是否应做出相应调整？（接上问）

解　答

缔约国一方将缔约国另一方已征税的企业利润（在两个企业之间的关系是独立企业之间关系的情况下，这部分利润本应由该缔约国一方企业取得）包括在该缔约国一方企业的利润内征税时，该缔约国另一方应对这部分利润所征收的税额加以调整。

当然，上述调整不能简单地理解为该缔约国另一方应进行自动调整，只有在其认为对方所做的利润调整是按公平交易原则计算的时候，才有义务对关联企业利润做出相应调整。如果双方对调整的依据、原因、数额等发生争议，可按照协定相互协商程序条款进行协商。

依 据

《国家税务总局关于印发〈中华人民共和国政府和新加坡共和国政府关于对所得避免双重征税和防止偷漏税的协定〉文本并请做好执行准备的通知》(国税函〔2007〕790号)第九条

《国家税务总局关于印发〈《中华人民共和国政府和新加坡共和国政府关于对所得避免双重征税和防止偷漏税的协定》及议定书条文解释〉的通知》(国税发〔2010〕75号)所附条文解释第九条

第九篇　股　息

60. 什么是股息？

解　答

股息是指从股份或者非债权关系分享利润的权利取得的所得，以及按照分配利润的公司是其居民的缔约国法律，视同股份所得同样征税的其他公司权利取得的所得。

股息支付不仅包括每年股东会议所决定的利润分配，也包括其他货币或具有货币价值的收益分配，如红股、红利、清算收入以及变相利润分配。股息还包括缔约国按防止资本弱化的规定调整为股息的“利息”。

解　读

股息和利息在某些特定情况下较难判定，通常应遵循实质重于形式的原则。一般情况下，各类债券所得不应视为股息。然而，如果贷款人确实承担债务人公司风险，其利息可被视为股息。对贷款人是否分担企业风险的判定通常可考虑如下因素：

（1）该贷款大大超过企业资本中的其他投资形式，并与公司可变现资产严重不符；

（2）债权人将分享公司的任何利润；

（3）该贷款的偿还次于其他贷款人的债权或股息的支付；

（4）利息的支付水平取决于公司的利润；

（5）所签订的贷款合同没有对具体的偿还日期做出明确的规定。

存在上述情况时，借款人所在国可根据资本弱化的国内法规定将利息作为股息处理。

依 据

《国家税务总局关于印发〈中华人民共和国政府和新加坡共和国政府关于对所得避免双重征税和防止偷漏税的协定〉文本并请做好执行准备的通知》（国税函〔2007〕790号）第十条

《国家税务总局关于印发〈《中华人民共和国政府和新加坡共和国政府关于对所得避免双重征税和防止偷漏税的协定》及议定书条文解释〉的通知》（国税发〔2010〕75号）所附条文解释第十条

61. 对股息所得的征税原则是什么？

解 答

缔约国一方居民公司支付给缔约国另一方居民的股息，可以在该缔约国另一方征税。然而，这些股息也可以在支付股息的公司是其居民的缔约国，按照该缔约国法律征税。

也就是说，股息可以在取得者所在一方（即居民国）征税，但这种征税权并不是独占的。股息的来源国即支付股息的公司为其居民的国家保留了征税权。但是，这种征税权受到限制。即来源国仅能就股息征收一定比例的税收。

依　据

《国家税务总局关于印发〈中华人民共和国政府和新加坡共和国政府关于对所得避免双重征税和防止偷漏税的协定〉文本并请做好执行准备的通知》（国税函〔2007〕790 号）第十条

《国家税务总局关于印发〈《中华人民共和国政府和新加坡共和国政府关于对所得避免双重征税和防止偷漏税的协定》及议定书条文解释〉的通知》（国税发〔2010〕75 号）所附条文解释第十条

62. 股息条款实施限制税率常见的有哪些?

解　答

允许来源国对其居民支付的股息进行征税，但规定了限制税率，即来源国征税税率的上限，有些协定设置一档税率（大多数为 10%），有些设置两档税率，即直接持股 25% 及以上的缔约国对方的居民，其在来源国取得股息时，来源国征税税率不能超过 5%，其他（即持股少于 25%）情况下为 10%。利息和特许权使用费条款也有此类限制税率的内容，不同协定规定的限制税率不同，以 10% 居多。[①]

例如，根据中新税收协定，如果股息受益所有人是缔约国另一方居

① 国家税务总局国际税务司．税收协定条款解读之七［EB/OL］.（2015-06-29）［2024-06-01］. http://www.chinatax.gov.cn/chinatax/n810219/n810744/n1671176/n1671186/c1707032/content.html.

民，则所征税款：（1）在受益所有人是公司（合伙企业除外），并直接拥有支付股息公司至少25%资本的情况下，不应超过股息总额的5%；（2）在其他情况下，不应超过股息总额的10%。缔约国双方主管当局应协商确定实施限制税率的方式。

依　据

《国家税务总局关于印发〈中华人民共和国政府和新加坡共和国政府关于对所得避免双重征税和防止偷漏税的协定〉文本并请做好执行准备的通知》（国税函〔2007〕790号）第十条

63. 什么是“受益所有人”？

解　答

“受益所有人”是指对所得或所得据以产生的权利或财产具有所有权和支配权的人。

代理人或指定收款人等（统称代理人）不属于“受益所有人”。

依　据

《国家税务总局关于税收协定中“受益所有人”有关问题的公告》（国家税务总局公告2018年第9号）第一条、第六条

64. 判定受益所有人身份需要关注哪些证明材料?

解　答

根据《国家税务总局关于税收协定中“受益所有人”有关问题的公告》(国家税务总局公告2018年第9号)规定的各项因素判定“受益所有人”身份时，可区分不同所得类型通过公司章程、公司财务报表、资金流向记录、董事会会议记录、董事会决议、人力和物力配备情况、相关费用支出、职能和风险承担情况、贷款合同、特许权使用合同或转让合同、专利注册证书、版权所属证明等资料进行综合分析；判断是否为“代理人代为收取所得”情形时，应根据代理合同或指定收款合同等资料进行分析。

解　读

例9-1　“股息”受益所有人身份判定：

2020年，新加坡B公司从其投资的中国境内A公司分得股息所得，并自行享受了中新税收协定优惠。主管税务机关在后续管理过程中，要求B公司提交与享受税收协定有关的备查资料，包括新加坡税务当局出具的B公司税收居民身份证明、A公司验资报告、公司章程，新加坡B公司2019年度、2020年度审计报告及合并报表附录、财务报告、职工薪酬及退休金报税表、新加坡企业所得税申报表及新加坡法学会相关证明等。根据上述资料，税务机关关注了以下信息点：

(1) 资产实力

根据验资报告，新加坡B公司初始投资设立子公司境内A公司至申报当日，一直拥有其60%的股份，且注册资本金5000万美元已于设立当年全部到位（见图9－1）。

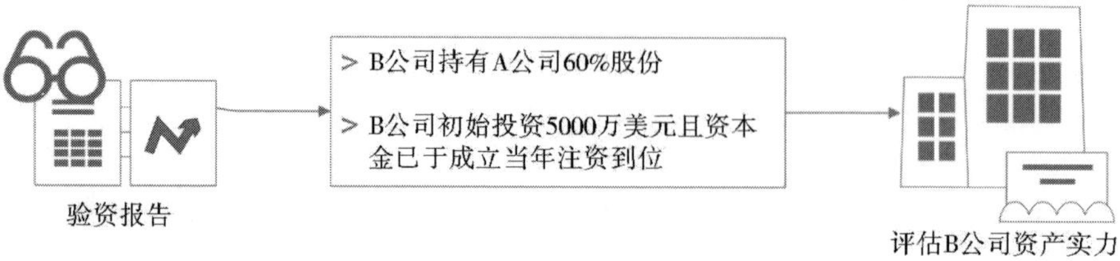

图9－1　评估B公司的资产实力

（2）经营实质

根据新加坡B公司年度审计报告，该公司投资于中国境内不同的饮料项目，在中国不同地区成立子公司负责不同区域业务，公司除了对这些投资项目进行管理外，也向新加坡的饮料生产商购入非酒精类饮料销售给新加坡客户。

（3）职能和风险承担情况、人力和物力配备情况

根据新加坡B公司财务报告，该公司2019年度饮料销售收入占其整体收入的86%，而股息收入占7%，实际在新加坡非酒精类饮料行业占据较为可观的市场份额，在新加坡雇佣员工超过1000名，并在新加坡拥有多处房产。

（4）盈利能力

根据新加坡B公司在其居民国的申报资料和完税证明，该公司2019年度、2020年度均实现较高盈利并向新加坡税务机关申报缴纳企业所得税。

（5）公信力

新加坡出具的资料均有新加坡法学会出具的公证书加以证明。

根据以上资料，税务机关综合判定新加坡B公司从事的经营活动

构成实质性经营活动，有利于B公司“受益所有人”身份判定。

例9－2　“利息”受益所有人身份判定：

2020年初，中国内地A公司向科威特B公司借款1000万美元，期限为90天，利率为2.5%，借款到期后向科威特B公司归还本息，受科威特B公司委托就利息所得在税务机关进行申报并享受了税收协定优惠待遇，按照5%税率扣缴企业所得税。税务机关在后续管理中，通过审核科威特B公司提供的财务报告、贷款合同和近年公司银行账户流水注意到：

（1）根据科威特B公司的财务报告，该公司注册资本只有100万美元，业务范围只有小额不动产租赁，且近3年处于持续亏损状态，基本不拥有提供1000万美元流动资金的借贷能力。

（2）科威特B公司银行账户显示，在为中国内地A公司提供借款的前两个月，收到一笔来自中国香港C公司的1000万美元的资金流入，且与该公司有频繁的大额资金进出。

通过上述资料，科威特B公司（债权人）与中国香港C公司（第三人）之间存在数额和签订时间等方面相近的其他贷款合同。科威特B公司的“受益所有人”身份存在疑点。

例9－3　“特许权使用费”受益所有人身份判定：

2020年，中国香港B公司取得中国内地A公司支付的特许权使用费后，按照7%协定优惠税率缴纳企业所得税。税务机关在后续管理审核香港B公司提供的专有技术使用合同及相关权属证明时发现：专有技术研发的核心工作都是在印度尼西亚母公司D完成的，形成关键研发成果后再授权给香港B公司从事一些辅助性的研发工作。香港B公司不具备核心研发职能，享有特许权使用费条款优惠税率的“受益所有人”身份存在疑点。

依 据

《国家税务总局关于税收协定中“受益所有人”有关问题的公告》(国家税务总局公告 2018 年第 9 号) 第七条

65. 一般来说，哪些因素不利于“受益所有人”身份的判定？

解 答

判定需要享受税收协定待遇的缔约对方居民（以下简称申请人）“受益所有人”身份时，应根据以下所列因素，结合具体案例的实际情况进行综合分析。一般来说，下列因素不利于对申请人“受益所有人”身份的判定：

（1）申请人有义务在收到所得的 12 个月内将所得的 50% 以上支付给第三国（地区）居民，“有义务”包括约定义务和虽未约定义务但已形成支付事实的情形。

（2）申请人从事的经营活动不构成实质性经营活动。实质性经营活动包括具有实质性的制造、经销、管理等活动。申请人从事的经营活动是否具有实质性，应根据其实际履行的功能及承担的风险进行判定。

申请人从事的具有实质性的投资控股管理活动，可以构成实质性经营活动；申请人从事不构成实质性经营活动的投资控股管理活动，同时从事其他经营活动的，如果其他经营活动不够显著，不构成实质性经营活动。

（3）缔约对方国家（地区）对有关所得不征税或免税，或征税但实际税率极低。

（4）在利息据以产生和支付的贷款合同之外，存在债权人与第三人之间在数额、利率和签订时间等方面相近的其他贷款或存款合同。

（5）在特许权使用费据以产生和支付的版权、专利、技术等使用权转让合同外，存在申请人与第三人之间在有关版权、专利、技术等的使用权或所有权方面的转让合同。

解　读

例9－4　A企业为一家设立在中国内地的房地产企业，投资方为中国香港B公司，B公司的最终控股方为美国C公司。2020年5月，A公司向香港B公司分配股息后，根据B公司提交的《非居民纳税人享受协定待遇信息报告表》，减按5%税率扣缴企业所得税。

随后，税务机关在对B公司享受协定待遇开展后续管理时，详细分析了B公司提供的注册信息、财务报表等资料，发现其“受益所有人”身份存在以下疑点：

（1）香港B公司存在取得股息所得12个月内将股息所得支付给第三国居民的情况。从B公司2020年度审计报告、2021年度财务报表和其他资料来看，B公司在取得A公司分配的股息后一个月内就将95%以上的股息直接分配给了美国C公司，形成了支付事实。

（2）香港B公司仅对内地A公司进行财务管理和经营监督，除此之外没有其他经营活动，收入构成中只有股息所得和少量的利息所得。

（3）香港B公司资产总额较低、人员配置少、经营范围单一，与其取得的巨额股息难以匹配。B公司投资于A公司的资金均来源于美国C公司给予的债权融资，虽有5名董事但近3年向5名董事支付的董事费总额仅为20000美元，5人均在美国C公司中担任高级管理人员，并长期在美国工作。

（4）按照香港B公司章程，应承担人事、财务、运营、管理等职能，但是从香港B公司的董事构成、雇员数量及相关费用支出来看，该公司没有承担相关责任的人员及费用支出记录；此外通过查询互联网，香港B公司的人员招聘工作是由美国C公司设在香港的办事处负责的。

（5）根据香港税法，香港居民企业取得来源于香港以外地区的所得无须在香港缴税，因此该笔股息收入在香港属于免税所得。

结合上述因素进行综合分析，可以得出结论：香港B公司不具备“受益所有人”身份。

依 据

《国家税务总局关于税收协定中“受益所有人”有关问题的公告》（国家税务总局公告2018年第9号）第二条

66. 申请人在什么情形下符合“安全港”条件，可以直接判定其股息所得“受益所有人”身份？

解 答

当所得类型为股息时，申请人符合以下条件之一，可不进行综合分析，直接判定申请人为股息的“受益所有人”：

（1）缔约对方政府；

（2）缔约对方居民且在缔约对方上市的公司；

（3）缔约对方居民个人；

（4）申请人被第（1）项至第（3）项中的一人或多人直接或间接持有100%股份，且间接持有股份情形下的中间层为中国居民或缔约对方居民。

解读

例9－5　投资架构如图9－2所示，中国香港居民A投资中国内地居民并取得股息时，其为香港特区政府或者在香港上市的公司或者香港居民个人，可直接判定香港居民A具有“受益所有人”身份。

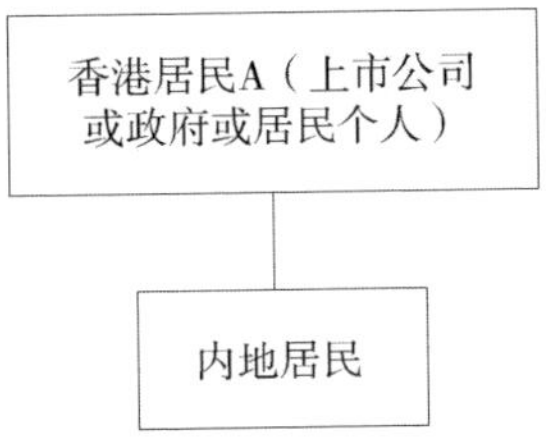

图9－2　投资架构示例

例9－6　投资架构如图9－3所示，中国香港居民B投资中国内地居民并取得股息时，香港居民A通过香港居民C间接持有香港居民B 100%股份，如果香港居民A为香港特区政府、香港居民且在香港上市的公司或香港居民个人，可直接判定香港居民B具有“受益所有人”身份。

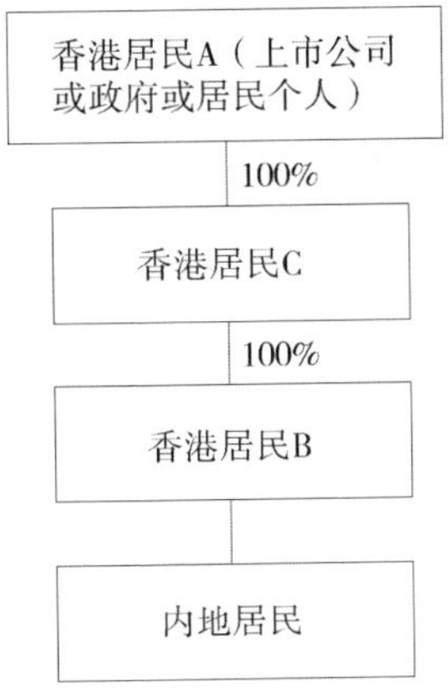

图9－3　投资架构示例

例 9－7 投资架构如图 9－4 所示，中国香港居民 D 投资中国内地居民并取得股息，直接持有香港居民 D 100% 股份的人为香港特区政府、香港居民且在香港上市的公司或香港居民个人，可直接判定香港居民 D 具有“受益所有人”身份。

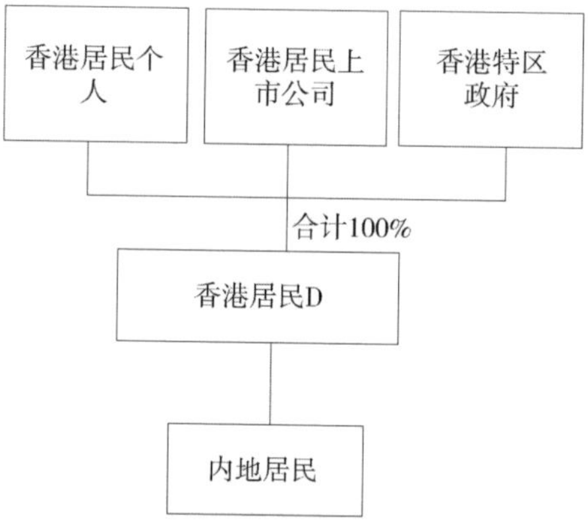

图 9－4 投资架构示例

依 据

《国家税务总局关于税收协定中“受益所有人”有关问题的公告》(国家税务总局公告 2018 年第 9 号）第四条

67. 在什么情况下，申请人虽不符合“受益所有人”条件但仍能享受协定股息条款税收优惠？

解 答

申请人从中国取得的所得为股息时，申请人虽不符合“受益所有人”条件，但直接或间接持有申请人 100% 股份的人符合“受益所有人”条件，并属于以下两种情形之一的，应认为申请人具有“受益所有人”身份：

（1）上述符合“受益所有人”条件的人为申请人所属居民国（地区）居民；

（2）上述符合“受益所有人”条件的人虽不为申请人所属居民国（地区）居民，但该人和间接持有股份情形下的中间层均为符合条件的人。

“符合‘受益所有人’条件”是指根据综合分析后可以判定具有“受益所有人”身份。

“符合条件的人”是指该人从中国取得的所得为股息时根据中国与其所属居民国（地区）签署的税收协定可享受的税收协定待遇和申请人可享受的税收协定待遇相同或更为优惠。

解　读

例9－8　投资架构如图9－5所示，中国香港居民E投资中国内地居民并取得股息，香港居民F直接持有香港居民E 100%的股份，虽然香港居民E不符合“受益所有人”条件，但是，如果香港居民F符合“受益所有人”条件，应认为香港居民E具有“受益所有人”身份。

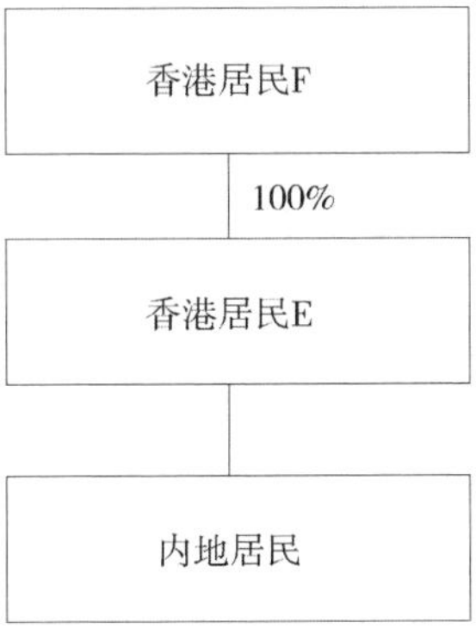

图9－5　投资架构示例

例9－9 投资架构如图9－6所示，中国香港居民E投资中国内地居民并取得股息，香港居民F通过在英属维尔京群岛（BVI）注册成立的公司（不论该公司是否为香港居民）间接持有香港居民E 100%的股份，虽然香港居民E不符合“受益所有人”条件，但是，如果香港居民F符合“受益所有人”条件，应认为香港居民E具有“受益所有人”身份。

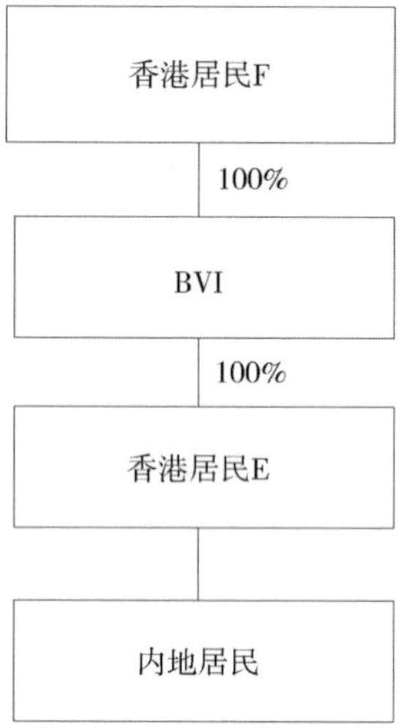

图9－6 投资架构示例

例9－10 投资架构如图9－7所示，中国香港居民G投资中国内地居民并取得股息，新加坡居民I通过新加坡居民H间接持有香港居民G 100%的股份，虽然香港居民G不符合“受益所有人”条件，但是，如果新加坡居民I符合“受益所有人”条件，并且新加坡居民I和新加坡居民H从中国取得的所得为股息时，根据中国与新加坡签署的税收协定可享受的税收协定待遇均和香港居民G可享受的税收协定待遇相同，应认为香港居民G具有“受益所有人”身份，香港居民G可根据内地与香港签署的税收安排享受税收协定待遇。

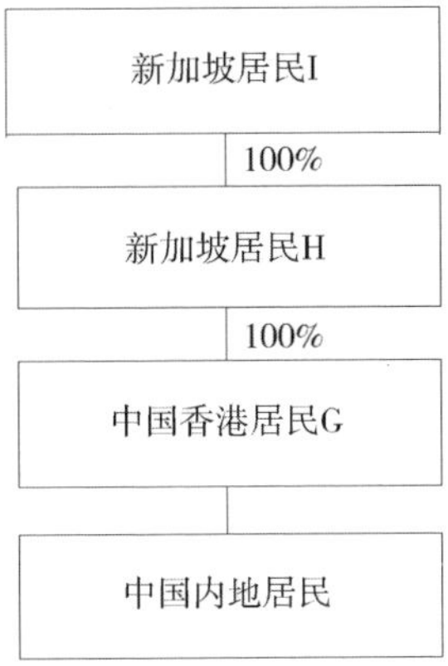

图 9－7　投资架构示例

例 9－11　中国境内 A 公司成立于 2009 年，注册资本 1.02 亿美元，为外商独资企业，股东是设立在德国的 X 公司。X 公司成立于 1962 年，注册资本 32.2 万欧元，由设在德国的集团母公司 M 持有。M 公司成立于 1923 年，是一家世界知名企业。集团股权结构如图 9－8 所示：

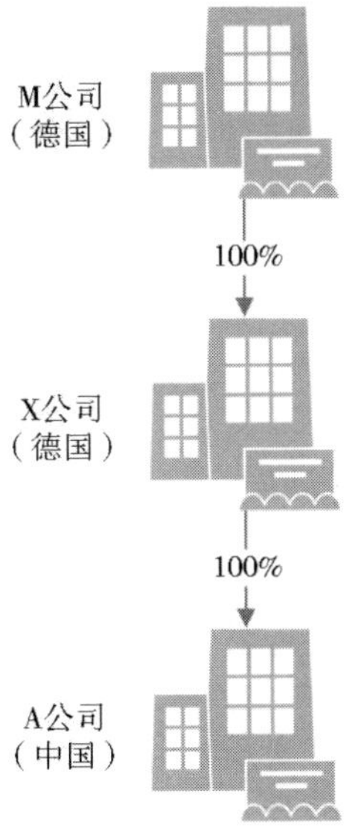

图 9－8　集团股权结构

2018年4月，A公司作出董事会决议，向股东X公司分配股息3.2亿元。X公司就该笔所得申报享受协定待遇。在对X公司享受协定情况进行后续管理时，主管税务机关发现如下问题：

第一，人力和物力配备与其投资能力不匹配。X公司作为投资方，虽设有资本管理部、财务部、人事行政部等部门，但相关雇员均为集团M公司的人员，雇佣合同都是与M公司签订，同时X公司办公场所也是由M公司提供。X公司注册资本有限，仅为32.2万欧元。就其自身风险承担能力而言，与对A公司投资1.02亿美元和取得的股息不相匹配。

第二，实质性经营活动不足。X公司仅有2名董事成员，同时担任M公司高管，主要负责领导公司各项活动，制订计划，实行监督职能，但X公司无法提供作为投资方履行投资管理职能的相关资料。

第三，收入主要来自股息。根据X公司2017年度审计报告，来自附属公司股息红利收入占总收入比重高达90%以上，且无其他固定资产，可见其几乎没有其他经营活动。

第四，X公司作为M公司的全资子公司，其取得的所得将主要用于对M公司的分配。

综合以上分析，主管税务机关认为存在多项不利于X公司“受益所有人”身份判定的因素。但是，主管税务机关认为M公司符合“受益所有人”条件，理由如下：

第一，根据公司章程，M公司无义务亦无约定在收到所得的12个月内将所得的50%以上支付给第三国（地区）居民。

第二，M公司从事的经营活动构成实质性经营活动。M公司是一家历史悠久的世界知名制造型企业，有6000余种产品，有相应的人力物力配备和固定的办公场所，主营业务收入较高。同时从公司章程来看，M公司对于所得有完全的控制权，风险承担和职能划分明确。

第三，根据德国税法规定，德国对该项所得征收15%的所得税，不存在不征税或免税，或征税但实际税率极低的情况。

第四，M公司为德国税收居民。2019年1月，M公司取得了德国税务机关出具的税收居民身份证明，证明M公司2018年度是德国的税收居民，可见M公司与X公司同为德国税收居民。

通过案头分析发现，M公司自X公司成立之日起对其持股一直为100%，符合持股比例在取得股息前连续12个月以内任何时候均达到规定比例的条件；且M公司、X公司设立时间均比较久远，2009年投资A公司后很少分配股息，此次是第二次分配，在税收方面无转移利润意图。

因此，主管税务机关认为M公司符合“受益所有人”条件，X公司与M公司同属德国税收居民，且M公司直接持有X公司100%股份，根据国家税务总局公告2018年第9号第三条第（一）项可以认为X公司具有“受益所有人”身份，可享受税收协定股息条款待遇。①

依据

《国家税务总局关于税收协定中“受益所有人”有关问题的公告》（国家税务总局公告2018年第9号）第三条

① 国家税务总局国际税务司．案例十二　适用放宽股息所得“受益所有人”判定条件规定［M］//税收协定执行案例集．北京：中国税务出版社，2019：49－53.

68. 在“受益所有人”判定中，投资管理活动是不是实际经营活动?

解答

申请人从事的具有实质性的投资控股管理活动，可以构成实质性经营活动；申请人从事不构成实质性经营活动的投资控股管理活动，同时从事其他经营活动的，如果其他经营活动不够显著，不构成实质性经营活动。

投资控股管理活动作为管理活动的一种，可以构成实质性经营活动，但需要符合一定条件，即实际履行的功能及承担的风险足以证实其活动具有实质性。一般而言，申请人需要从事投资前期研究、评估分析、投资决策、投资实施以及投资后续管理等活动。[①]

解读

例 9 –12 A 国公司通过设立在 B 国的子公司投资中国，B 国公司拟就其从中国取得的股息所得享受税收协定待遇。B 国公司声称其从事投资控股管理活动并有 5 名雇员，但经核实，B 国公司并未开展行业研究、市场分析等，未履行投资控股管理等功能，其声称的 5 名雇员实际与 A 国公司签订合同并履行 A 国公司的职能；其收到的股息暂无投资计划，在账户中闲置；中国公司的外方董事不是由其直接股

① 关于《国家税务总局关于税收协定中“受益所有人”有关问题的公告》的解读［EB/OL］.（2018 –02 –06）［2024 –06 –01］. http：//www. chinatax. gov. cn/chinatax/n810341/n810760/c3278984/content. html.

东B国公司派出而是由A国公司直接派出；中国公司的章程称该公司的招聘、培训、融资、财务等责任由B国公司承担，但B国公司并无承担上述责任的人员，经核实上述责任实际为A国公司在北京的办事处承担；B国公司对中国公司和从中国公司取得的股息不承担相应风险。该案例中B国公司虽声称从事投资控股管理活动，但实际履行的功能及承担的风险有限，不足以证实其活动具有实质性。

例9－13　A国公司在B国设立公司作为亚洲区域总部，B国公司除投资中国公司外，还投资日本、韩国、新加坡、越南等十余个国家近50家公司。虽然中国境内的市场调研、行业研究等部分功能由设在中国的投资公司承担，但评估分析、投资决策以及亚洲区域内各公司之间的资金统筹调配等功能由B国公司承担，应认为B国公司承担的区域总部功能具有一定实质性。如果相关功能表面上由B国公司承担，但B国公司仅有8名员工，不足以承担相关功能，实际由A国公司承担或A国公司团队提供支撑，应认为B国公司从事的活动不具有实质性。

例9－14　A国公司计划投资中国，但自有资金仅有所需资金的70%，故选择在金融业较为发达、资本较为充足、融资较为便利的B国设立公司作为融资平台，从符合国家税务总局公告2018年第9号第四条所列安全港条件的B国的非关联公司募集完成所需资金的30%后，由B国公司投资中国并取得股息。该案例中B国公司作为融资平台，履行了一定功能，承担了一定风险，并且所需资金的30%从B国融入，与B国有一定联系，应认为B国公司承担的融资功能具有一定实质性。

依据

《国家税务总局关于税收协定中“受益所有人”有关问题的公告》（国

家税务总局公告2018年第9号）第二条

69. 非居民通过委托投资方式取得股息收入应如何适用税收协定待遇？

解　答

委托投资是指非居民将自有资金直接委托给境外专业机构用于对居民企业的股权、债权投资，其中的“境外专业机构”指经其所在地国家或地区政府许可从事证券经纪、资产管理、资金以及证券托管等业务的金融机构。在委托投资期间，境外专业机构将受托资金独立于其自有资金进行专项管理。境外专业机构根据相应的委托或代理协议收取服务费或佣金。受托资金的投资收益和风险应由该非居民取得和承担。

非居民通过委托投资取得投资收益提出享受税收协定待遇申请的，应向税务机关提供以下资料：

（1）投资链条各方（包括该非居民、投资管理人或投资经理、各级托管人、证券公司等）签署的与投资相关的合同或协议，以及能够说明投资业务的其他资料，资料内容应包括委托投资本金来源和组成情况及各方收取费用或取得所得的约定；

（2）投资收益和其他所得逐级返回至该非居民的信息和凭据，以及对所得类型认定与划分的说明资料；

（3）税务机关为认定受益所有人所需要的其他资料。

税务机关在审核非居民提交的资料时，如果投资收益的所得类型为股息或利息，该所得在逐级返回至该非居民的过程中所得性质未发生改变，且有凭据证明该所得实际返回至该非居民，则可以认定该非居民为该笔所得的受益所有人，能够享受税收协定相应条款规定的待遇。

解　读

例 9－15　A 企业是一家经中国证监会批准的合格境外机构投资者（QFII），通过资产管理经纪人投资中国内地 B 公司（香港上市）。投资流程是：非居民企业 A 制定具体的 H 股投资决策，指定摩根大通（托管人）及摩根大通银行香港分行（托管银行），负责具体 H 股委托投资事宜。投资构架如图 9－9 所示。

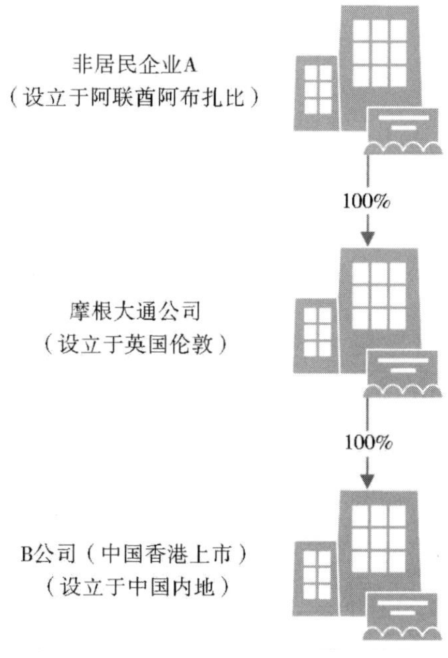

图 9－9　A 企业投资架构

除常规的证明其受益所有人身份的资料以外，非居民企业 A 还向税务机关提供了以下资料：

（1）非居民企业 A 与摩根大通公司的全球托管协议及托管费用协

议；摩根大通公司与摩根大通银行香港分行的次托管协议及收费标准。两项材料都证明摩根大通公司和摩根大通银行香港分行所收取的费用均为单独另行收取，与非居民企业A取得的股息无关。同时还提供了非居民企业A官网公布的年度总结，证明了其资金全部来源于政府的预算盈余。

（2）投资收益和其他所得逐级返回至非居民企业A的信息和凭据，以及对所得类型认定与划分的说明资料：

①投资收益回流路径一：B公司（香港上市）支付给摩根大通银行香港分行

企业提供了派息公告和中华人民共和国税收通用缴款书，B公司（香港上市）宣告并向股份登记的名义持有人香港中央结算有限公司支付股息，在支付股息时为其股东代扣代缴了10%的企业所得税。所有通过中央结算及交收系统交易的投资者持有的港交所股票（包括H股），均由香港中央结算有限公司作为名义持有人。香港中央结算有限公司在向摩根大通银行香港分行的客户支付相关股息时，是通过香港中央结算有限公司及交收系统将相关股息在摩根大通银行香港分行持有的账户中进行结算的。

②投资收益回流路径二：摩根大通银行香港分行支付给摩根大通

企业提供了摩根大通银行香港分行证券交易信息，摩根大通银行香港分行在收到B公司（香港上市）股息分红时支付给摩根大通。该支付通过电子形式，并有SWIFT（环球银行间财务通信系统）代码进行支持，可以证明上述情况说明中描述的股息流向。

③投资收益回流路径三：摩根大通支付给非居民企业A

企业提供了摩根大通股息派发凭证（该凭证显示了股息派发日的持股数量、每股派息、股息总额、扣缴税额及税后金额）和非居民企业A从B公司（香港上市）取得股息水单，证明从B公司（香港上市）取得的股息收入已计入非居民企业 A 的账户。摩根大通收到摩根大通银行香港分行支付的股息红利后，立即支付给非居民企业 A。

综上所述，非居民企业 A 是该项委托投资的受益所有人，并提交了资料证明其是为国家所有并受其监管的公共机构。因此，A 企业取得的股息可以按照《中华人民共和国政府和 A 国政府关于对所得避免双重征税和防止偷漏税的协定》的规定，仅在 A 国征税。[①]

依　据

《国家税务总局关于委托投资情况下认定受益所有人问题的公告》（国家税务总局公告 2014 年第 24 号）第一条、第二条、第三条

① 国家税务总局国际税务司．案例十九　委托投资判定“受益所有人”［M］//税收协定执行案例集．北京：中国税务出版社，2019：80－84.

第十篇　利　息

70. 税收协定意义上的“利息”与国内法规定的利息定义是否一致？

解　答

按照企业所得税法实施条例第十八条的规定，利息收入是指企业将资金提供他人使用但不构成权益性投资，或者因他人占用本企业资金取得的收入，包括存款利息、贷款利息、债券利息、欠款利息等收入。

我国已签订的多数税收协定利息条款对利息进行了定义，以中新税收协定为例，“利息”一语是指从各种债权取得的所得，不论其有无抵押担保或者是否有权分享债务人的利润；特别是从公债、债券或者信用债券取得的所得，包括其溢价和奖金。由于延期支付的罚款，不应视为利息。根据国税发〔2010〕75 号所附条文解释第十一条的规定，利息一般是指从各种债权取得的所得。“各种债权”应包括现金、货币形态的有价证券，以及政府公债、债券或者信用债券。对于与利息相关的其他所得是否应属于“利息”的范畴，应根据其性质区别对待：①附属债券取得的所得，如发行债券的溢价和奖金构成利息，但债券持有者出售债券发生的盈亏不属于利息范围；②与贷款业务相关的并附属于债权的所得可认定为利息，对独立发生于债权方以外的，如单独收取的担保费等，原则上不应认定为利息。

综上所述，税收协定意义上的“利息”与国内法规定的利息还是存在一定区别的。

依 据

《中华人民共和国企业所得税法实施条例》第十八条

《国家税务总局关于印发〈中华人民共和国政府和新加坡共和国政府关于对所得避免双重征税和防止偷漏税的协定〉文本并请做好执行准备的通知》（国税函〔2007〕790 号）第十一条

《国家税务总局关于印发〈《中华人民共和国政府和新加坡共和国政府关于对所得避免双重征税和防止偷漏税的协定》及议定书条文解释〉的通知》（国税发〔2010〕75 号）所附条文解释第十一条

71. 利息所得的来源地应如何界定？

解 答

我国与多数国家（地区）签订的税收协定利息条款一般规定：如果支付利息的人为该缔约国居民，应认为该利息发生在该缔约国，即利息支付人为其居民的国家是利息的来源地。然而，当支付利息的人不论是否为缔约国一方居民，在缔约国一方设有常设机构或者固定基地，支付该利息的债务与该常设机构或者固定基地有联系，并由其负担利息，上述利息应认为发生于该常设机构或固定基地所在缔约国。

解 读

例 10－1 某第三国设在中国的常设机构支付给新加坡居民的利息，在利息与该常设机构有实际联系情况下，应认为该利息发生于中国，由中国根据中新税收协定行使优先征税权。如新加坡居民为该项利息的受益所有人，则可享受税收协定待遇。

依 据

《国家税务总局关于印发〈中华人民共和国政府和新加坡共和国政府关于对所得避免双重征税和防止偷漏税的协定〉文本并请做好执行准备的通知》(国税函〔2007〕790 号) 第十一条

《国家税务总局关于印发〈《中华人民共和国政府和新加坡共和国政府关于对所得避免双重征税和防止偷漏税的协定》及议定书条文解释〉的通知》(国税发〔2010〕75 号) 所附条文解释第十一条

72. 外国金融机构设在第三国的境外分行，取得来源于境内的利息所得，能否享受中国与其总机构所在国签订的税收协定待遇？

解 答

税收协定列名的免税外国金融机构设在第三国的非法人分支机构与其总机构属于同一法人，除税收协定中明确规定只有列名金融机构的总机构可以享受免税待遇情况外，该分支机构取得的利息可以享受中国与其总机构所在国签订的税收协定中规定的免税待遇。

解　读

例 10－2　2020 年，加拿大某银行香港分行取得来源于中国内地的利息所得，其扣缴义务人受托办理享受协定待遇涉税事项。该分行虽然位于中国香港，但并不是香港税收居民，因而当其取得来自中国内地的利息所得时，无法享受内地和香港特别行政区税收安排待遇。由于该分行与总行属于同一法人，可以取得加拿大的税收居民身份证明，当其取得来自中国内地的利息所得时，可以享受中加税收协定的优惠待遇。扣缴义务人依据中加税收协定规定办理享受了协定待遇。

依　据

《国家税务总局关于境外分行取得来源于境内利息所得扣缴企业所得税问题的通知》（国税函〔2010〕266 号）第一条

73. 某境内银行是我国居民企业，在境外设立的非法人分支机构取得的来源于境内利息，是否适用我国与该分支机构所在国签订的税收协定?

解　答

属于中国居民企业的银行在境外设立的非法人分支机构同样是中国的居民，该分支机构取得的来源于中国的利息，不论是由中国居民还是外国居民设在中国的常设机构支付，均不适用我国与该分支机构所在国签订的税收协定，应适用我国国内法的相关规定。

解读

例 10-3 新加坡 A 公司设在中国境内的常设机构在新加坡 A 公司的帮助下，从中国工商银行新加坡分行取得贷款 1000 万元人民币。2020 年底，偿付贷款本金并支付利息 500 万元人民币。该常设机构财务人员在对外支付款项时到税务机关咨询，是否应该代扣代缴非居民企业所得税？如果需要扣缴，该笔税款是否能够享受中新税收协定优惠待遇？

税务机关根据《国家税务总局关于境内机构向我国银行的境外分行支付利息扣缴企业所得税有关问题的公告》（国家税务总局公告 2015 年第 47 号）的规定回复，自 2015 年 7 月 19 日起，境内机构向中国工商银行新加坡分行支付利息时，不代扣代缴企业所得税。根据《国家税务总局关于境外分行取得来源于境内利息所得扣缴企业所得税问题的通知》（国税函〔2010〕266 号）的规定回复，中国工商银行新加坡分行取得的来源于中国的利息，不适用中新税收协定，应适用我国国内法的相关规定。

依据

《国家税务总局关于境内机构向我国银行的境外分行支付利息扣缴企业所得税有关问题的公告》（国家税务总局公告 2015 年第 47 号）第一条

《国家税务总局关于境外分行取得来源于境内利息所得扣缴企业所得税问题的通知》（国税函〔2010〕266 号）第二条

第十一篇　特许权使用费

74. 什么是税收协定意义上的“特许权使用费”？

解　答

我国签订的税收协定通常将特许权使用费表述为：“特许权使用费”一语是指使用或有权使用文学、艺术或科学著作，包括电影影片、无线电或电视广播使用的胶片、磁带的版权，任何计算机软件，专利、商标、设计或模型、图纸、秘密配方或秘密程序所支付的作为报酬的各种款项；也包括使用或有权使用工业、商业、科学设备或有关工业、商业、科学经验的情报所支付的作为报酬的各种款项。

对于特许权使用费的理解，国税发〔2010〕75 号所附条文解释如下：

（1）特许权使用费首先应与使用或有权使用以下权利有关：构成权利和财产的各种形式的文学和艺术，有关工业、商业和科学实验的文字和信息中确定的知识产权，不论这些权利是否已经或必须在规定的部门注册登记。还应注意，这一定义既包括了在有许可的情况下支付的款项，也包括因侵权支付的赔偿款。

（2）特许权使用费也包括使用或有权使用工业、商业、科学设备取得的所得，即设备租金。但不包括设备所有权最终转移给用户的有关融资租赁协议涉及的支付款项中被认定为利息的部分；也不包括使用不动产取得的所得，使用不动产取得的所得适用协定“不动产所得”条款的规定。

（3）特许权使用费还包括使用或有权使用有关工业、商业、科学经验的情报取得的所得。对该项所得应理解为专有技术，一般是指进行某项产品的生产或工序复制所必需的、未曾公开的、具有专有技术性质的信息或资料。与专有技术有关的特许权使用费一般涉及技术许可方同意将其未公开的技术许可给另一方，使另一方能自由使用，技术许可方通常不亲自参与技术受让方对被许可技术的具体应用，并且不保证实施的结果。被许可的技术通常已经存在，但也包括应技术受让方的需求而研发后许可使用，并在合同中列有保密等使用限制的技术。

（4）在服务合同中，如果服务提供方在提供服务过程中使用了某些专门知识和技术，但并不许可这些技术使用权，则此类服务不属于特许权使用费范围。如果服务提供方提供服务形成的成果属于特许权使用费定义范围，并且服务提供方仍保有该项成果的所有权，服务接受方对此成果仅有使用权，则此类服务产生的所得属于特许权使用费。

（5）在转让或许可专有技术使用权过程中，如果技术许可方派人员为该项技术的应用提供有关支持、指导等服务，并收取服务费，无论是单独收取还是包括在技术价款中，均应视为特许权使用费，适用“特许权使用费”条款的规定。但如上述人员的服务已构成常设机构，对归属于常设机构部分的服务所得应执行协定“营业利润”条款的规定，对提供服务的人员执行协定“非独立个人劳务”条款的规定；对未构成常设机构或未归属于常设机构的服务收入仍按特许权使用费规定处理。

（6）单纯货物贸易项下作为售后服务的报酬，产品保证期内卖方为买方提供服务所取得的报酬，专门从事工程、管理、咨询等专业服务的机构或个人提供的相关服务所取得的所得不是特许权使用费，应作为劳务活动所得适用协定“营业利润”条款的规定。

解读

例 11－1　M 国 A 公司为中国境内 B 公司提供某商业地产项目的立体空间设计，合同在 12 周内分四个阶段完成，劳务发生地同时涉及境内、境外。合同的保密条款约定，A 公司是项目服务文件的作者和所有者，服务范围内的任何保密技术或其他交易秘密（及任何专利或版权事宜）应由 A 公司所有，不应向任何第三方透露，或用于其他用途。关于支付标准，合同约定按 A 公司提供服务人员的职位对应的工时收费，分四个阶段支付。

在对该服务性质的判定上，虽然合同对服务中的专有技术、知识产权有不转让、不泄露的保密规定，但从合同的履行过程来看，A 公司为 B 公司提供的设计服务是专门针对 B 公司该项商业地产项目进行的，不具有广泛的适用性，无法在其他地产项目中直接使用。且其收取的服务价款有明确的依据、标准，能够提供合同所列参与项目人员的考勤记录、工作记录，以及差旅费、办公费等与项目相关的成本支出凭证，佐证其所收取款项是由其项目人员的劳动付出而产生的，具有劳务性质。

依据

《国家税务总局关于印发〈中华人民共和国政府和新加坡共和国政府关于对所得避免双重征税和防止偷漏税的协定〉文本并请做好执行准备的通知》（国税函〔2007〕790 号）第十二条

《国家税务总局关于印发〈《中华人民共和国政府和新加坡共和国政府关于对所得避免双重征税和防止偷漏税的协定》及议定书条文解释〉的通知》（国税发〔2010〕75 号）所附条文解释第十二条

75. 在转让或许可专有技术使用权过程中同时提供技术服务，纳税人取得的服务费应适用哪一条协定条款?

解　答

在转让或许可专有技术使用权过程中如技术许可方派人员为该项技术的使用提供有关支持、指导等服务并收取服务费，无论是单独收取还是包括在技术价款中，均应视为特许权使用费，适用税收协定“特许权使用费”条款的规定。但如上述人员的服务已构成常设机构，则对服务部分的所得应适用税收协定“营业利润”条款的规定。如果纳税人不能准确计算应归属常设机构的营业利润，则税务机关可根据税收协定常设机构利润归属原则予以确定。

解　读

例 11－2　美国 A 公司向我国某公司转让某专利技术的使用权，同时派人到中国公司进行技术支持，A 公司对转让专利技术的使用权和提供技术支持分别收取费用。对提供技术支持收取的费用，如果 A 公司的该项劳务未在我国构成常设机构，这些劳务收入应当并入该项特许权使用费所得按照特许权使用费的有关规定处理。

依　据

《国家税务总局关于执行税收协定特许权使用费条款有关问题的通知》（国税函〔2009〕507 号）第五条

76. 技术受让方在合同签订后即支付费用，预先不能确定提供服务时间是否构成常设机构的，应该如何处理？

解　答

如果技术受让方在合同签订后即支付费用，包括技术服务费，即事先不能确定提供服务时间是否构成常设机构的，可暂执行特许权使用费条款的规定；待确定构成常设机构，且认定有关所得与该常设机构有实际联系后，按协定相关条款的规定，对归属常设机构利润征收企业所得税及对相关人员征收个人所得税时，应将已按特许权使用费条款规定所做的处理作相应调整。

依　据

《国家税务总局关于税收协定有关条款执行问题的通知》（国税函〔2010〕46 号）第二条

77. 不视为特许权使用费的劳务有哪些？

解　答

《国家税务总局关于执行税收协定特许权使用费条款有关问题的通知》（国税函〔2009〕507 号）列举了一些不应视为特许权使用费的劳务活动，具体为：

（1）单纯货物贸易项下作为售后服务的报酬；

（2）产品保证期内卖方为买方提供服务所取得的报酬；

（3）专门从事工程、管理、咨询等专业服务的机构或个人提供的相关服务所取得的款项；

（4）国家税务总局规定的其他类似报酬。

上述劳务所得通常适用税收协定营业利润条款的规定，但个别税收协定对此另有特殊规定的除外（如中英税收协定专门列有技术费条款）。

解 读

例11－3 M国A公司与境内B公司签订大型机电设备销售合同，并许可其使用信息、参数用于产品商业实践，同时承诺在两年的产品质保期内为B公司提供设备维修及操作系统的更新、升级、维护等服务。B公司购进设备一年后，发生系统升级服务费、备件维修等费用共计5万元。上述售后服务费不属于特许权使用费范畴，应为劳务活动所得。

依 据

《国家税务总局关于执行税收协定特许权使用费条款有关问题的通知》（国税函〔2009〕507号）第六条

第十二篇　财产收益

78. 什么是协定意义上的“财产收益”？

解　答

协定本身并未定义“财产收益”，一般是指财产法律权属关系发生变更产生的收益，包括出售或交换财产产生的收益，也包括部分转让、征用、出售权利等产生的收益。

依　据

《国家税务总局关于印发〈《中华人民共和国政府和新加坡共和国政府关于对所得避免双重征税和防止偷漏税的协定》及议定书条文解释〉的通知》（国税发〔2010〕75 号）所附条文解释第十三条

79. “财产收益”条款对各种类型的财产收益征税权是如何划分的?

解 答

根据我国与多数国家（地区）税收协定规定，以中新税收协定为例，财产收益征税权划分一般有以下几种：

（1）转让不动产取得的收益应由不动产所在国征税。

（2）针对企业常设机构用于营业的财产中的动产，转让这类财产所取得的收益可以在常设机构所在国征税。

（3）转让从事国际运输的船舶和飞机，或转让附属于经营上述船舶和飞机的动产取得的收益，应仅在经营上述船舶和飞机的企业为其居民的国家征税。

（4）外国居民转让其在中国居民公司的股份取得的收益，在满足以下任一条件时，中国税务机关有权征税：

①被转让公司股份价值 50% 以上直接或间接由位于中国的不动产组成；

②外国居民在转让其中国公司股份行为发生前十二个月内曾直接或间接参与该中国公司至少 25% 资本。

（5）外国居民转让其在中国居民公司或其他法人资本中的股份、参股或其他权利取得的收益，如果收益人在转让行为前的十二个月内曾经直接或间接参与被转让公司 25% 的资本，则中国有权对该收益征税。

（6）对于转让前文所述财产以外的财产而取得的收益，按转让“其他财产”处理，即仅在转让者为其居民的国家征税。

解　读

例 12－1　新加坡居民 A 拥有中国公司 B 的股份，根据中新税收协定的规定，如该中国公司 B 股份价值的 50% 以上直接或间接由位于中国的不动产所组成，那么，不论该新加坡居民 A 持有 B 公司股份比例如何，中国对该新加坡居民 A 转让 B 公司股份取得的收益都可以征税。

例 12－2　新加坡居民 A 拥有中国境外公司 B 的股份，根据中新税收协定的规定，如果 B 公司股份价值的 50% 以上直接或间接由位于中国的不动产所构成，那么新加坡居民 A 转让该中国境外公司股份取得的收益，中国作为不动产所在国拥有征税权（但一般情况下如果不动产所在国国内法对此类情形下的转让收益不征税，即使协定规定有征税权，也并不意味着不动产所在国一定要征税）。

例 12－3　新加坡居民公司甲拥有中国居民公司乙 20% 的股份，公司乙的财产价值为 100（金额单位略），其中不动产价值为 40。如果该公司乙又持有中国居民公司丙 80% 的股份，如公司丙的财产价值为 100，其中不动产价值为 90，则在处理依“财产收益”条款规定享受协定待遇计算公司乙的财产价值时，应将公司丙财产价值的 80% 计算在内，即公司乙直接或间接拥有的财产价值为 180（100＋100×80%），其中不动产价值为 112（40＋90×80%），不动产价值比例为 62%（见图 12－1）。上述例举以剔除公司乙和公司丙之间内部交易影响后的数额为前提。因此，当新加坡居民公司甲转让中国居民公司乙的股份时，由于该中国公司乙的财产价值中 50% 以上的价值直接或间接来自中国的不动产，根据中新税收协定的规定，对此项转让收益中国拥有征税权。

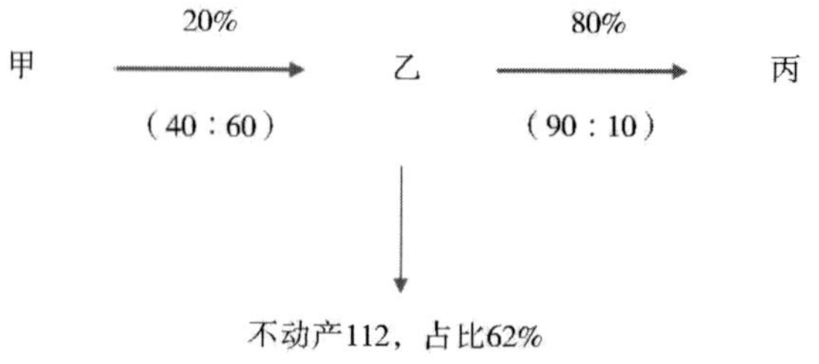

图 12－1　甲公司股权架构

例 12－4　如图 12－2 所示，2017 年 3 月，新加坡 A 公司直接持有中国 B 公司 30% 股份；2017 年 8 月，A 公司将其所持有的 B 公司股份 10% 对外转让。中国主管税务机关按照协定规定对此次股权转让征收了税款。2018 年 2 月，A 公司将其剩余的 20% 股权对外转让，并向主管税务机关提出目前其资本持有不足 25%，中国税务机关无权征税。根据中新税收协定的规定，在转让行为发生前的 12 个月内，转让人曾经直接或者间接参与该中国公司至少 25% 的资本时，我国即享有征税权。因此，主管税务机关可以对 A 公司转让剩余 20% 股份所得进行征税。

图 12－2　股权转让示意

依　据

《国家税务总局关于印发〈《中华人民共和国政府和新加坡共和国政府关于对所得避免双重征税和防止偷漏税的协定》及议定书条文解释〉的通知》（国税发〔2010〕75 号）所附条文解释第十三条

80. 如何理解“公司股份价值 50% 以上直接或间接由缔约国另一方的不动产构成”？

解　答

公司股份价值 50% 以上直接或间接由缔约国另一方的不动产构成，是指公司股份被转让之前的一段时间（目前多数协定对具体时间未作规定，执行中可暂按三年处理）内任一时间，被转让股份的公司直接或间接持有位于缔约国另一方的不动产价值占公司全部财产价值的比率在 50% 以上。公司股份被转让之前的三年是指公司股份被转让之前（不含转让当月）的连续 36 个公历月份。公司财产和不动产均应按照转让时有效的中国会计制度有关资产（不考虑负债）处理的规定进行确认和计价，但相关不动产所含土地或土地使用权价值额不得低于按照当时可比相邻或同类地段的市场价格计算的数额。

依　据

《国家税务总局关于印发〈《中华人民共和国政府和新加坡共和国政府关于对所得避免双重征税和防止偷漏税的协定》及议定书条文解释〉的通知》（国税发〔2010〕75 号）所附条文解释第十三条

《国家税务总局关于税收协定中财产收益条款有关问题的公告》（国家税务总局公告 2012 年第 59 号）第二条、第三条

81. 外国居民直接或者间接参与我国居民公司资本包括哪些情况？

解　答

以中国与新加坡税收协定为例，包括以下几种情况：

（1）该新加坡居民直接参与中国居民公司的资本。如果新加坡居民通过其他名义参与人（含个人、公司和其他实体）参与中国居民公司的资本，且该新加坡居民对于该名义参与人参与的资本享有排他性资本参与利益，并实质承担资本参与风险，该名义参与人参与的该中国居民公司资本可以视同该新加坡居民直接参与该中国居民公司的资本。

（2）该新加坡居民通过具有 10% 以上（含 10%）直接资本关系的单层或多层公司或其他实体（含单个或多个参与链）间接参与该中国居民公司的资本。间接参与的资本按照每一参与链中各公司或其他实体的资本比例乘积计算。

（3）与该新加坡居民具有显著利益关系的关联集团内其他成员在该中国居民公司直接参与或者通过具有 10% 以上（含 10%）直接资本关系的单层或多层公司或其他实体（含单个或多个参与链）间接参与该中国居民公司的资本。间接参与的资本按照每一参与链中各公司或其他实体的资本比例乘积计算，但在汇总计算该关联集团直接或间接参与该中国居民公司总资本份额时，符合前述规定的每一参与链所参与的资本份额不重复计算。上述与新加坡居民具有显著利益关系的关联集团内成员包括：

①在该新加坡居民为个人的情况下，与该新加坡个人居民具有相同资本参与利益的个人（包括其配偶、父母及父母以上前辈直系亲属、子女及

子女以下后辈直系亲属）；

②在该新加坡居民为公司或其他实体的情况下，直接或间接拥有该新加坡居民100%资本的个人（包括与其配偶、父母及父母以上前辈直系亲属、子女以及子女以下后辈直系亲属共同拥有的情形）、公司或其他实体。

解　读

例12-5　新加坡居民甲拥有第三方居民公司乙50%股份，乙拥有中国居民丙50%股份，则乙为甲持股且具有直接或间接10%以上（含10%）资本关系的公司，甲通过乙间接拥有中国居民公司丙的股份为25%（50%×50%），可以确定甲在丙中直接或间接拥有的权益已经达到25%，在这一情况下，如果甲同时直接拥有丙5%的股份，那么当其转让5%的股份时，就应该考虑其间接拥有的25%的股份，从而达到征税条件。但如果甲没有直接拥有中国居民公司丙的股份，只是通过乙间接拥有丙，则中新税收协定第十三条第五款所说的间接拥有股份的规定并不针对甲转让乙的股份收益问题（除滥用情形外）。

例12-6　中国居民公司丙被持股情况（见图12-3）如下：

（1）新加坡居民公司乙直接拥有中国居民公司丙20%资本；

（2）新加坡居民公司乙的母公司甲（100%控股）直接拥有中国居民公司丙3%资本；

（3）母公司甲拥有公司丁50%股份，而公司丁直接拥有中国居民公司丙6%资本。

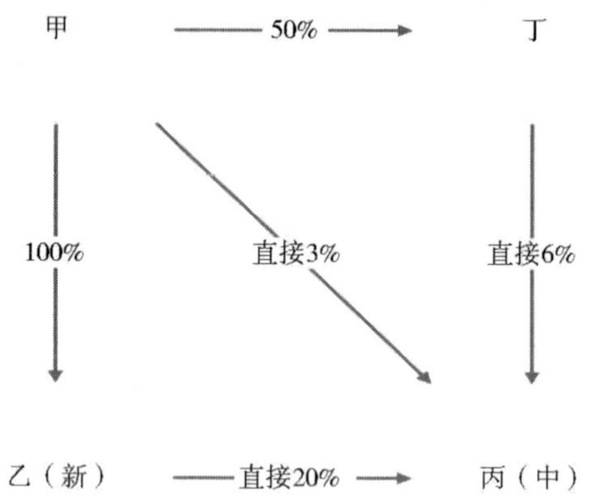

图 12－3　丙公司被持股情况

在此种情形下，甲为与乙具有显著利益关系的关联集团内其他成员，在计算乙直接和间接拥有中国居民公司丙的资本份额时，可以考虑上述第（2）项甲直接拥有中国居民公司丙的3%资本份额；丁为由甲直接拥有10%以上资本份额的公司，在计算乙直接和间接拥有中国居民公司丙的资本份额时，还可以考虑上述第（3）项甲通过丁间接拥有中国居民公司丙的3%（50%×6%）资本份额；将上述三项直接或间接拥有的股份合并计算，该关联集团直接或间接拥有中国居民公司丙的股份应为26%（20%＋3%＋3%）。因此，如果新加坡公司乙转让其在公司丙的股份取得收益，中国则因其在公司丙的参股比例达到了25%而拥有征税权。

例 12－7　非居民企业 A 持有我国境内居民企业 C 股份比例为24.99%，非居民企业 B 持有我国境内居民企业 C 股份比例为1%，已知 A 企业100%持股 B 企业，A 企业、B 企业各自转让其持有 C 的股份。此种情况下，我国有征税权。具有显著利益关系的关联集团成员包括直接或者间接拥有该公司或者其他实体100%股权的个人、公司或其他实体。由非居民企业 A 100%持股 B 企业，可知 A 与 B 具有显著利益关联关系，在计算总资本份额时应汇总计算。因此，非居民企业 A 与非居民企业 B 所属的关联集团在居民企业 C 的持股比例合计达到 25.99%，即使 A 企业、B 企业各自转让其持有的股份，我国也拥有相应的征税权。

依据

《国家税务总局关于税收协定中财产收益条款有关问题的公告》（国家税务总局公告 2012 年第 59 号）第四条

第十三篇　劳　务

82. 什么是税收协定中所称“独立个人劳务”？

解　答

“独立个人劳务”是指居民个人从事专业性劳务或者其他独立性活动。“专业性劳务”一语特别包括独立的科学、文学、艺术、教育或教学活动，以及医师、律师、工程师、建筑师、牙医师和会计师的独立活动。

依　据

《国家税务总局关于印发〈中华人民共和国政府和新加坡共和国政府关于对所得避免双重征税和防止偷漏税的协定〉文本并请做好执行准备的通知》（国税函〔2007〕790号）

83. 什么是税收协定中所称“非独立个人劳务”？

解　答

“非独立个人劳务”是指个人以受雇身份（雇员）从事劳务活动。

依　据

《国家税务总局关于印发〈《中华人民共和国政府和新加坡共和国政府关于对所得避免双重征税和防止偷漏税的协定》及议定书条文解释〉的通知》(国税发〔2010〕75 号) 所附条文解释第十五条

84. 对独立个人劳务所得的征税权是如何规定的?

解　答

个人以独立身份从事劳务活动取得所得，一般情况下仅在该个人为其居民的国家征税，但符合下列条件之一的，来源国有征税权：

(1) 该缔约国居民个人为从事独立个人劳务为目的在缔约国另一方设立了经常使用的固定基地。

(2) 该居民个人在任何 12 个月中在缔约国另一方停留连续或累计达到或超过 183 天。

解　读

例 13－1　某新加坡居民个人 2008 年 4 月 1 日来华从事独立个人劳务，到 2009 年 3 月 31 日的 12 个月期间在华累计停留 150 天，2008 年 8 月 1 日至 2009 年 7 月 31 日的 12 个月期间停留 210 天。据此，该人员 2008 年和 2009 年两个纳税年度内在华从事独立个人劳务均构成在华纳税义务。

但需明确的是，在中国作为收入来源国对新加坡居民个人在中国提供独立个人劳务取得的所得有征税权的情况下，中国应仅就属于上述固定基地的所得征税或仅对新加坡居民个人在华提供独立个人劳务期间取得的所得征税。

协定此项规定仅为判定中国对独立个人劳务所得是否有权征税提供依据，不影响国内法相关的具体征税规定。

依据

《国家税务总局关于印发〈《中华人民共和国政府和新加坡共和国政府关于对所得避免双重征税和防止偷漏税的协定》及议定书条文解释〉的通知》（国税发〔2010〕75号）所附条文解释第十四条

85. 对非独立个人劳务所得的征税权是如何规定的？

解答

一般情况下缔约国一方居民因雇佣关系取得的工资薪金报酬应在居民国征税。在满足一定条件的情况下，也可以在劳务发生国征税。例如，新加坡居民以雇员的身份在中国从事活动，只要有下列情况之一的，其获得的报酬就可以在中国征税：

（1）在任何12个月中在中国停留连续或累计超过183天（不含）。

（2）该项报酬由中国雇主支付或代表中国雇主支付。

（3）该项报酬由雇主设在中国的常设机构或固定基地所负担。

依据

《国家税务总局关于印发〈《中华人民共和国政府和新加坡共和国政府

关于对所得避免双重征税和防止偷漏税的协定》及议定书条文解释〉的通知》（国税发〔2010〕75 号）所附条文解释第十五条

86. 如何计算非居民个人在华停留天数？

解　答

在计算非居民个人在华停留天数时，需注意以下几个方面：

（1）中途离境包括在签证有效期内离境又入境，应准予扣除离境的天数。

（2）计算实际停留天数应包括在中国境内的所有天数，包括抵、离日当日等不足一天的任何天数及周末、节假日，以及从事该项受雇活动之前、期间及以后在中国度过的假期等。

（3）如果计算达到 183 天的这 12 个月跨两个年度，则中国可就该人员在这两个年度中在中国的实际停留日的所得征税。

依　据

《国家税务总局关于印发〈《中华人民共和国政府和新加坡共和国政府关于对所得避免双重征税和防止偷漏税的协定》及议定书条文解释〉的通知》（国税发〔2010〕75 号）所附条文解释第十五条

87. 如何理解非独立个人劳务条款下的“雇主”概念?

解 答

“雇主”应理解为对雇员的工作结果拥有权利并承担相关责任和风险的人。执行中应注意以下问题:

(1)如果中国企业采用“国际劳务雇用”方式,通过境外中介机构聘用人员来华为其从事有关劳务活动,虽然形式上这些聘用人员可能是中介机构的雇员,但如果聘用其工作的中国企业承担上述受聘人员工作所产生的责任和风险,应认为中国企业为上述受聘人员的实际雇主,该人员在中国从事受雇活动取得的报酬应在中国纳税。关于对真实雇主的判定可参考下列因素:

①中国企业对上述人员的工作拥有指挥权;

②上述人员在中国的工作地点由中国企业控制或负责;

③中国企业支付给中介机构的报酬是以上述人员工作时间计算,或者支付的该项报酬与上述人员的工资存在一定联系,例如,按人员工资总额的一定比例确定支付给中介机构的报酬;

④上述人员工作使用的工具和材料主要由中国企业提供;

⑤中国企业所需聘用人员的数量和标准并非由中介机构确定,而由中国企业确定。

(2)外国企业派其员工到中国居民企业工作应考虑上述因素,以实质重于形式的原则,判定其真实雇主身份。如果上述员工名义上为中国企业职员,实质上履行其派出企业职责,在判定外国企业为其真实雇主身份前提下,按两国税收协定中的常设机构条款判断上述外国企业是否在中国构成常设机构。如果上述员工在中国工作期间确实受雇于中国居民企业,但同时也为其派出企业工作，应就此类员工为其派出企业工作的实际情况按照两国税收协定常设机构条款的规定判断上述外国企业是否在华构成常设机构。

解　读

例 13－2　新加坡 A 公司是 A 集团的母公司，负责 A 集团的投资管理、营销管理和行政管理等工作。A 公司在我国投资设立了负责销售集团产品的全资子公司 B 公司。2019 年，A 公司为集团产品开发了新的营销策略。A 公司将雇员李先生派往 B 公司 4 个月，以指导 B 公司根据新策略进行营销。

本案中，A 公司的业务范围包括管理集团全球营销活动，李先生的服务也是其营业活动不可或缺的一部分。此外，对全球营销策略遵守情况的监管职能也属于 A 公司而非 B 公司的业务范围。他提供给 B 公司的服务是根据两个公司签订的合同以 A 公司名义提供的。因此，如果李先生在任何有关 12 个月期间内在我国停留没有超过 183 天，李先生工资由 A 公司支付，并且 A 公司在我国没有负担李先生报酬的常设机构，李先生以新加坡 A 公司雇员身份在我国从事受雇活动取得受雇所得仅在新加坡一方征税，李先生在我国境内的服务活动也未构成 A 公司在我国的常设机构。

依　据

《国家税务总局关于印发〈《中华人民共和国政府和新加坡共和国政府关于对所得避免双重征税和防止偷漏税的协定》及议定书条文解释〉的通知》（国税发〔2010〕75 号）所附条文解释第十五条

88. 在国际运输的船舶或飞机上从事受雇活动而取得的报酬，应如何征税？

解　答

在经营国际运输的船舶或飞机上从事受雇活动的人员取得的报酬，对其征税的原则在一定程度上遵循了协定关于海运和空运条款确立的原则，即在从事该项运输的企业为其居民的国家征税。

依　据

《国家税务总局关于印发〈《中华人民共和国政府和新加坡共和国政府关于对所得避免双重征税和防止偷漏税的协定》及议定书条文解释〉的通知》(国税发〔2010〕75 号）所附条文解释第十五条

89. 非居民作为我国居民企业的董事会成员获取的董事费，我国有征税权吗？

解　答

我国对外签署的税收协定将董事费的征税权赋予了董事所在公司为其居民的国家，即非居民如担任中国境内企业的董事而取得的董事费和其他类似的款项，无论该董事是否在中国境内履行董事职责，中国对此项所得有征税权。

依　据

《国家税务总局关于印发〈《中华人民共和国政府和新加坡共和国政府关于对所得避免双重征税和防止偷漏税的协定》及议定书条文解释〉的通知》（国税发〔2010〕75 号）所附条文解释第十六条

90. 税收协定“董事费”条款中所指“其他类似款项”包括哪些内容?

解　答

“其他类似款项”包括个人以公司董事会成员身份取得的实物福利，如股票期权、居所或交通工具、健康或人寿保险及俱乐部成员资格等。在董事会成员被授予股票期权的情况下，公司居民国有权对构成董事费或类似性质报酬的股票期权利益征税，即使征税时该人已经不再是董事会的成员。

依　据

《国家税务总局关于印发〈《中华人民共和国政府和新加坡共和国政府关于对所得避免双重征税和防止偷漏税的协定》及议定书条文解释〉的通知》（国税发〔2010〕75 号）所附条文解释第十六条

91. 对于外国演员和运动员在中国演出取得的所得，我国是否有征税权？

解 答

有征税权。按照我国对外签署的税收协定相关规定，除有特殊免税规定外，在演艺人员或运动员直接或间接取得所得的情况下，演出活动发生的国家可以根据其国内法，对演艺人员或运动员取得的所得征税，不受税收协定独立个人劳务条款和非独立个人劳务条款规定的限制。

如果在演出活动产生的所得全部或部分由其他人（包括个人、公司和其他团体）收取的情况下，依据演出活动发生的缔约国一方国内法规定，由其他人收取的所得应被视为由演艺人员或运动员取得，依据税收协定“演艺人员和运动员”条款规定，演出活动发生的缔约国一方可以根据其国内法，向演艺人员或运动员就演出活动产生的所得征税，不受协定独立个人劳务条款和非独立个人劳务条款规定的限制。如果演出活动发生的缔约国一方，不能依据其国内法将由其他人收取的所得视为由演艺人员或运动员取得，依据税收协定“演艺人员和运动员”条款规定，该国可以根据其国内法，向收取所得的其他人就演出活动产生的所得征税，不受税收协定营业利润、独立个人劳务和非独立个人劳务等条款规定的限制。

解 读

例 13－3 受国内一家直播平台的邀请，韩国某电子竞技战队到中国开展英雄联盟表演赛，主办方就此向该电子竞技战队支付了出场费 40 万元。

按照国家税务总局公告2018年第11号第四条第（二）项的规定，运动员活动包括参加台球、象棋、桥牌比赛、电子竞技等具有娱乐性质的赛事的活动。演艺人员和运动员条款适用于电子竞技活动。根据中韩税收协定，韩国居民作为表演家或作为运动员，在中国从事其个人活动取得的所得，可以在中国征税。如该所得并非归属表演家或运动员本人，而是归属于其他人，也可以在中国征税。因此，我国对该电子竞技战队收取的出场费有征税权。

依　据

《国家税务总局关于税收协定执行若干问题的公告》（国家税务总局公告2018年第11号）第四条

92. 演艺人员和运动员个人取得的所得是否都适用税收协定演艺人员和运动员条款?

解　答

不是都适用。税收协定演艺人员和运动员条款适用所得的范围是以演艺人员或运动员身份开展个人活动取得的所得，包括开展演出活动取得的所得（如出场费），以及与开展演出活动有直接或间接联系的所得（如广告费）。

对于从演出活动音像制品出售产生的所得中分配给演艺人员或运动员的所得，以及与演艺人员或运动员有关的涉及版权的所得，应按照税收协定中“特许权使用费条款”的规定处理。

依 据

《国家税务总局关于税收协定执行若干问题的公告》（国家税务总局公告2018年第11号）第四条

93. 演艺人员和运动员活动具体包括哪些内容？

解 答

根据《国家税务总局关于税收协定执行若干问题的公告》（国家税务总局公告2018年第11号）的规定，演艺人员和运动员活动分别包括以下内容：

（1）演艺人员活动包括演艺人员从事的舞台、影视、音乐等各种艺术形式的活动；以演艺人员身份开展的其他个人活动（如演艺人员开展的电影宣传活动，演艺人员或运动员参加广告拍摄、企业年会、企业剪彩等活动）；具有娱乐性质的涉及政治、社会、宗教或慈善事业的活动。

演艺人员活动不包括会议发言，以及以随行行政、后勤人员（如摄影师、制片人、导演、舞蹈设计人员、技术人员以及流动演出团组的运送人员等）身份开展的活动。

在商业活动中进行具有演出性质的演讲不属于会议发言。

（2）运动员活动包括参加赛跑、跳高、游泳等传统体育项目的活动；参加高尔夫球、赛马、足球、板球、网球、赛车等运动项目的活动；参加台球、象棋、桥牌比赛、电子竞技等具有娱乐性质的赛事的活动。

依　据

《国家税务总局关于税收协定执行若干问题的公告》（国家税务总局公告2018年第11号）第四条

94. 中国居民因以前的工作关系取得境外支付的退休金，我国是否有征税权？

解　答

有征税权。居民国对退休金独占征税权，不论取得退休金的人以前的工作地点如何，取得退休金时该个人为其居民的国家对该项退休金拥有征税权。

税收协定退休金条款所涵盖的款项为基于以前的雇佣关系而支付的退休金和其他类似报酬。其他类似报酬包括与退休金类似的非定期支付的款项，例如，在雇佣关系终止时或终止以后一次性支付的退休金。

解　读

例 13－4　一个韩国国民原来在韩国受雇于某企业，其退休后定居在中国并构成中国居民，那么根据协定的规定，中国对该个人从韩国取得的退休金独占征税权。如果该韩国公民所取得的退休金是由韩国政府或地方当局根据社会保险制度所支付的，那么韩国对这部分退休金独占征税权。①

① 国家税务总局国际税务司．税收协定条款解读之十四［EB/OL］.（2015－06－29）［2024－06－01］. http://www.chinatax.gov.cn/chinatax/n810219/n810744/n1671176/n1671186/c1707134/content.html.

依 据

《国家税务总局关于印发〈《中华人民共和国政府和新加坡共和国政府关于对所得避免双重征税和防止偷漏税的协定》及议定书条文解释〉的通知》(国税发〔2010〕75号)所附条文解释第十八条

95. 外籍公民在中国向其所属国家政府部门提供服务取得的报酬，我国是否有征税权?

解 答

该情形下我国没有征税权。按照税收协定相关规定，缔约国一方、其地方当局或法定机构对向其提供服务的个人支付退休金以外的薪金、工资和其他类似报酬，应仅在该缔约国一方征税。但是，如果该项服务是在中国提供，而且提供服务的个人为中国居民或者不是仅由于提供该项服务，而成为中国居民，该项薪金、工资和其他类似报酬应仅在中国征税。

对于缔约国一方、其地方当局或法定机构支付的或者从其建立的基金中支付给向其提供服务的个人的退休金，应仅在该缔约国一方征税。但是，如果提供服务的个人是中国居民，并且是中国国民的，该项退休金应仅在中国征税。

解 读

例 13－5 新加坡政府在中国设立的办事机构如果雇佣新加坡居民工作，该新加坡居民在办事机构工作期间取得的报酬应仅在新加坡征税。但这一规定不适用于该办事机构在当地雇佣的中国居民员工。

中国居民员工是指中国国民，或者在为该办事机构工作以前就已是中国居民的员工。这种情况下，该项报酬应仅在中国征税。

依 据

《国家税务总局关于印发〈中华人民共和国政府和新加坡共和国政府关于对所得避免双重征税和防止偷漏税的协定〉文本并请做好执行准备的通知》（国税函〔2007〕790 号）第十九条

《国家税务总局关于印发〈《中华人民共和国政府和新加坡共和国政府关于对所得避免双重征税和防止偷漏税的协定》及议定书条文解释〉的通知》（国税发〔2010〕75 号）所附条文解释第十九条

96. 外教到我国从事教学活动取得的报酬，我国是否有征税权?

解 答

经济合作与发展组织（OECD）的协定范本和联合国（UN）的协定范本都没有教师和研究人员条款。我国在税收协定谈判早期为了引进先进的文化和人才，促进两国间的教育、科学、文化交流，在协定中列入了该项条款。但近年来我国所签订的部分新协定或修订后的协定已取消了对教师和研究人员的优惠待遇。[1]

考虑到在我国政府对外已签订的避免双重征税协定中，有关对教师和研究人员征免税的问题，由于双方的意向和基于各自国内法律等原因，除

---

① 国家税务总局国际税务司．税收协定条款解读之十五［EB/OL］.（2015 - 06 - 29）［2024 - 06 - 01］. http://www.chinatax.gov.cn/chinatax/n810219/n810744/n1671176/n1671186/c1707148/content.html.

了同个别国家在税收协定中没有列支教师和研究人员的免税条款外，在列有对教师和研究人员免税条款的协定中，所限定的免税条件也并不完全相同。有的限定从其第一次到达之日起停留时间不超过3年（有的为2年）的，对其报酬免予征税；有的规定从其到达之日起停留时间累计不超过3年的，对其报酬免予征税；也有的规定，应自其抵达之日起，3年内免税或对其在第一个3年里从事教学、讲学或研究取得的报酬免予征税。

解读

例13－6 2021年1月1日，日本东京大学A教授受我国北京大学邀约担任特聘教授，从事教学活动。2022年12月31日返回日本，并就此两年间的教学活动取得了报酬。根据中日税收协定，日本居民到中国的大学、学院、学校或其他公认的教育机构从事教学、讲学或研究的目的暂时停留在中国，从其第一次到达中国之日起停留时间不超过3年的，中国对其由于教学、讲学或研究取得的报酬，免予征税。

依据

《财政部　税务总局关于来自同我国签订税收协定国家的教师和研究人员征免个人所得税问题的通知》[（86）财税协字第030号]

97. 外国来华留学生取得的来源于中国以外的学费资助、助学金、奖学金，是否应在我国缴税？

解　答

按照税收协定相关规定，学生和企业学徒由于接受教育、培训或获取技术经验的目的，而暂时居住在缔约国另一方，对其为了生活、学习所取得的来源于缔约国另一方以外的所得，该缔约国另一方应予免税。但前提是该学生或实习人员在到达缔约国另一方之前是缔约国一方的居民。

但如果学生或实习人员有工作收入，则应区分服务报酬和为生存、教育或培训所获得的款项。如果报酬数目与提供类似服务的企业员工所获得的报酬金额相当，一般可表明该报酬是服务报酬，应根据服务性质分别适用协定独立个人劳务或非独立个人劳务条款的规定。

解　读

例 13 –7　新加坡居民个人赴中国学习，其在华学习期间取得的来源于中国以外的学费资助、助学金、奖学金等，不超过用以维持生活、接受教育或培训的部分，应在中国免税。

依　据

《国家税务总局关于印发〈《中华人民共和国政府和新加坡共和国政府关于对所得避免双重征税和防止偷漏税的协定》及议定书条文解释〉的通知》（国税发〔2010〕75 号）所附条文解释第二十条

第十四篇　其他所得

98. 什么是其他所得?

解　答

“其他所得”条款是税收协定中的兜底条款，适用于未列入前述各项条款的所得。[①] 对其他所得范围的掌握，应考虑国内法规定，并应是国内法规定要征税的所得。如某项所得国内法未规定征税，则不能因协定规定来源国有征税权而征税。

此外，其他所得应是确属协定各专项条款中未包括的所得。不应将协定已包括的所得条款中规定的来源国未达到征税条件的部分视为“其他所得”。

依　据

《国家税务总局关于印发〈《中华人民共和国政府和新加坡共和国政府

---

① 国家税务总局国际税务司．税收协定条款解读之十五［EB/OL］.（2015－06－29）［2024－06－01］. http：//www. chinatax. gov. cn/chinatax/n810219/n810744/n1671176/n1671186/c1707148/content. html.

关于对所得避免双重征税和防止偷漏税的协定》及议定书条文解释〉的通知》(国税发〔2010〕75 号) 所附条文解释第二十一条

99. 怎么理解其他所得的来源国优先征税权?

解　答

对协定以上条款未涉及的所得规定了一般原则，即来源国有优先征税权。如新加坡居民企业或个人取得发生或来源于中国的其他所得，中国有优先征税权。

依　据

《国家税务总局关于印发〈《中华人民共和国政府和新加坡共和国政府关于对所得避免双重征税和防止偷漏税的协定》及议定书条文解释〉的通知》(国税发〔2010〕75 号) 所附条文解释第二十一条

第十五篇　消除双重征税

100. 消除双重征税的主要方法有哪些？

解　答

消除双重征税方法条款一般是对各自国内法规定的表述，是在国际法中对该问题做出的郑重承诺，当然也会有超出国内法规定的内容出现，如饶让抵免、间接抵免等。在我国税法引入间接抵免规定之前，已有 60 多个税收协定包括了间接抵免，饶让抵免更是通常只在税收协定中才会出现的规定，是缔约国双方讨价还价的结果。

消除双重征税的方法主要包括抵免法和免税法，在税收协定中的形式通常为缔约国双方各自单独表述。我国一直采取抵免法消除双重征税，关于税收抵免如何在程序上适用以及对抵免的具体计算等实体问题，税收协定没有做出规定，应按照国内法规定执行。①

OECD 税收协定范本提出了两种可供选择的消除双重征税的方法：在现行协定中，纳税人居民国的缔约国为了消除双重征税，遵循两项主要原

① 国家税务总局国际税务司．税收协定条款解读之十六［EB/OL］.（2015－06－29）［2024－06－01］. http：//www. chinatax. gov. cn/chinatax/n810219/n810744/n1671176/n1671186/c1707162/content. html.

则。一是免税原则。按照免税原则，居民国对根据范本规定，可以在常设机构所在地国或来源国征税的所得，不予征税（当然，对应仅在常设机构所在地国或来源国征税的所得，也不予征税）。二是抵免原则。根据抵免原则，居民国在计算其税收时，以纳税人的总所得为基础，即包括从另一国（常设机构所在地国或来源国）取得的，根据范本可以在该另一国征税的所得（不包括应仅在常设机构所在地国或来源国征税的所得）。然后，居民国允许在其税额中扣除已在缔约国另一方缴纳的税款。

依　据

《OECD 税收协定范本及注释》（2017 年版）第 23 条 A 和第 23 条 B 的注释

101. 什么是直接抵免和间接抵免？

解　答

直接抵免，是指企业直接作为纳税人就其境外所得在境外缴纳的所得税额在我国应纳税额中抵免。直接抵免主要适用于企业就来源于境外的营业利润所得在境外所缴纳的企业所得税，以及就来源于或发生于境外的股息、红利等权益性投资所得、利息、租金、特许权使用费、财产转让等所得在境外被源泉扣缴的预提所得税。

间接抵免，是指境外企业就分配股息前的利润缴纳的外国所得税额中由我国居民企业就该项分得的股息性质的所得间接负担的部分，在我国的应纳税额中抵免。例如，我国居民企业（母公司）的境外子公司在所在国（地区）缴纳企业所得税后，将税后利润的一部分作为股息、红利分配给该母公司，子公司在境外就其应税所得实际缴纳的企业所得税税额中按母公司所得股息占全部税后利润之比的部分即属于该母公司间接负担的境外企业所得税额。

依　据

《国家税务总局关于发布〈企业境外所得税收抵免操作指南〉的公告》（国家税务总局公告2010年第1号）第一条

102. 什么是综合税收抵免？

解　答

根据《财政部　税务总局关于完善企业境外所得税收抵免政策问题的通知》（财税〔2017〕84号），明确在现行分国（地区）别不分项抵免方法（简称分国抵免法）的基础上，增加不分国（地区）别不分项的综合抵免方法（简称综合抵免法），并适当扩大抵免层级，进一步促进利用外资与对外投资相结合。

企业可以选择按国（地区）别分别计算，或者不按国（地区）别汇总计算其来源于境外的应纳税所得额，并按照《财政部　国家税务总局关于企业境外所得税收抵免有关问题的通知》（财税〔2009〕125号）第八条规定的税率，分别计算其可抵免的境外所得税税额和抵免限额。上述方式一经选择，5年内不得改变。

依　据

《财政部　税务总局关于完善企业境外所得税收抵免政策问题的通知》（财税〔2017〕84号）

103. 什么是税收饶让抵免？

解　答

饶让抵免是税收协定特有的规定，其内容是在缔约国一方本该缴纳但因优惠政策而未缴纳的税款，被视同已经缴纳，回国后照样可以抵免。饶让抵免的目的是外资引进国的税收优惠能够切实为企业所享受，而不是转变为另一个国家的税收，这样有助于企业保持对外投资的积极性。在我国现有协定中，有几十个协定都包括这样的规定，有的是双方互相给予饶让抵免，有的是单方面给予对方饶让抵免，但有些已经到期不再适用。在我国新谈签的协定中，如与埃塞俄比亚的税收协定，包括该项内容，且没有规定时限，这对“走出去”的企业无疑是重大利好。①

根据财税〔2009〕125号规定，居民企业从与我国政府订立税收协定（或安排）的国家（地区）取得的所得，按照该国（地区）税收法律享受了免税或减税待遇，且该免税或减税的数额按照税收协定规定应视同已缴税额在中国的应纳税额中抵免的，该免税或减税数额可作为企业实际缴纳的境外所得税额用于办理税收抵免。

根据国家税务总局公告2010年第1号第七条规定，我国企业所得税法

① 国家税务总局国际税务司．税收协定条款解读之十六［EB/OL］．（2015－06－29）［2024－06－01］．http：//www.chinatax.gov.cn/chinatax/n810219/n810744/n1671176/n1671186/c1707162/content.html.

目前尚未单方面规定税收饶让抵免，但我国与有关国家签订的税收协定规定有税收饶让抵免安排，本条对此进行了重申。

解读

例 15－1 中国居民企业 A 公司，在甲国投资设立了 B 公司，甲国政府为鼓励境外投资，对 B 公司第一个获利年度实施了企业所得税免税。按甲国的税法规定，企业所得税税率为 20%。A 公司获得了 B 公司免税年度分得的利润 2000 万元。根据中国和甲国政府签订税收协定的规定，中国居民从甲国取得的所得，按照协定规定在甲国缴纳的税额可以在对居民征收的中国税收中抵免。所缴纳的税额包括假如没有按照该缔约国给予减免税或其他税收优惠而本应缴纳的税额。所缴纳的甲国税收应包括相当于所放弃的甲国税收的数额。A 公司在计算缴纳企业所得税时，B 公司的免税额 400 万元（2000 × 20%），应计算为由 A 公司抵免的间接负担的境外税额。

依据

《财政部　国家税务总局关于企业境外所得税收抵免有关问题的通知》（财税〔2009〕125 号）第七条

《国家税务总局关于发布〈企业境外所得税收抵免操作指南〉的公告》（国家税务总局公告 2010 年第 1 号）第七条

第十六篇　其他规定

104. 我国国民与外国国民在我国境内享受的税收待遇是否有歧视?

解　答

在税收待遇上，我国国民与外国国民享受非歧视待遇。以中新税收协定为例，协定明确了缔约国一方国民在缔约国另一方负担的税收或者有关条件，不应与该缔约国另一方国民在相同情况下，特别是在居民身份相同的情况下，负担或可能负担的税收或者有关条件不同或比其更重。根据国税发〔2010〕75号所附条文解释第二十三条的规定，“非歧视待遇”条款第一款确立的原则是，对拥有缔约国国籍的个人在税收上不能有歧视待遇。即缔约国一方国民在缔约国另一方应与该缔约国另一方国民在相同情况下，获得同等的税收待遇。

依　据

《国家税务总局关于印发〈《中华人民共和国政府和新加坡共和国政府关于对所得避免双重征税和防止偷漏税的协定》及议定书条文解释〉的通

知》（国税发〔2010〕75号）所附条文解释第二十三条

105. 缔约国一方企业在缔约国另一方进行营业并构成常设机构，另一方在对常设机构征税时，其待遇是否与从事相同或类似业务的本国企业保持一致？

解　答

根据国税发〔2010〕75号所附条文解释第二十三条第二款的规定，缔约国一方对另一方企业设在本国的常设机构的征税，不应比本国进行同样活动的企业更重。这样的同等待遇主要体现在税率、费用扣除、计提折旧、亏损结转、财产收益以及税收抵免等方面。

解　读

例16－1　在我国设立机构场所的非居民企业A与从事相同活动的我国居民企业B，同时从另一中国居民企业C取得符合条件的股息、红利收入。根据企业所得税法第二十六条第（二）项的规定，符合条件的居民企业之间的股息、红利等权益性投资收益作为企业的免税收入，享受企业所得税免税优惠。按照税收协定要求，非居民企业在境内的常设机构也应享受同等优惠待遇。企业所得税法第二十六条第（三）项也明确规定，在中国境内设立机构、场所的非居民企业从居民企业取得与该机构、场所有实际联系的股息、红利等权益性投资收益，作为免税收入。因此，设立机构场所的非居民企业A和居民企业B对此项股息、红利税收享受同等免税待遇。

依　据

《国家税务总局关于印发〈《中华人民共和国政府和新加坡共和国政府关于对所得避免双重征税和防止偷漏税的协定》及议定书条文解释〉的通知》（国税发〔2010〕75号）所附条文解释第二十三条

106. 外国居民投资在中国的企业和从事相同或类似业务的中国居民投资设立的企业在中国境内的税收待遇会不同吗?

解　答

没有不同，我国与其他国家（地区）的税收协定实行资本非歧视原则。以中新税收协定第二十三条非歧视待遇条款为例，约定“缔约国一方企业的资本全部或部分，直接或间接为缔约国另一方一个或一个以上的居民拥有或控制，该企业在该缔约国一方负担的税收或者有关条件，不应与该缔约国一方其他同类企业负担或可能负担的税收或者有关条件不同或比其更重”。即缔约国一方不能对资本全部或部分、直接或间接由缔约国另一方一个或多个居民拥有或控制的企业，在税收上给予歧视待遇。因此，对由外国居民投资的中国居民企业在税收待遇上应与类似的中国居民企业一致。

依　据

《国家税务总局关于印发〈中华人民共和国政府和新加坡共和国政府关于对所得避免双重征税和防止偷漏税的协定〉文本并请做好执行准备的通知》（国税函〔2007〕790号）第二十三条

《国家税务总局关于印发〈《中华人民共和国政府和新加坡共和国政府关于对所得避免双重征税和防止偷漏税的协定》及议定书条文解释〉的通知》(国税发〔2010〕75号)所附条文解释第二十三条

107. 税收协定的非歧视待遇条款是否意味着缔约国另一方居民能够享受缔约国一方国内法给予本国居民的任何税收优惠?

解答

根据国税发〔2010〕75号所附条文解释第二十三条“第一款规定不应被理解为要求缔约国一方将给予其公共团体或公共服务机构的税收优惠，以及从事本国公益活动的非盈利私人机构的特别税收优惠，也给予缔约国另一方的相同组织或类似机构”。以及“第五款规定，缔约国各方为促进本国社会或经济发展，根据国家政策和标准给予其国民的税收优惠，不应被理解为构成本条款意义上的歧视待遇”。因此，税收协定的非歧视待遇条款不应被理解为缔约国另一方居民能够享受缔约国一方国内法给予本国居民的任何税收优惠。

依据

《国家税务总局关于印发〈《中华人民共和国政府和新加坡共和国政府关于对所得避免双重征税和防止偷漏税的协定》及议定书条文解释〉的通知》(国税发〔2010〕75号)所附条文解释第二十三条

108. 我国居民企业在境外发生税务争议，认为自身能够享受协定优惠但对方税务机关认为不应该享受，如何协商解决?

解答

在这种情况下可以采用相互协商程序。

为了解决税收协定理解或解释上的问题，防止或纠正违反税收协定规定的征税措施，确保税收协定执行的有效性和一致性，切实避免重复征税，税收协定中规定了解决这些问题的国际协调机制，即相互协商程序条款。[①] 以中新税收协定为例，相互协商程序条款规定："一、当一个人认为，缔约国一方或者双方所采取的措施，导致或将导致对其不符合本协定规定的征税时，可以不考虑各缔约国国内法律的补救办法，将案情提交本人为其居民的缔约国主管当局；或者如果其案情属于第二十三条第一款，可以提交本人为其国民的缔约国主管当局。该项案情必须在不符合本协定规定的征税措施第一次通知之日起，三年内提出。二、上述主管当局如果认为所提意见合理，又不能单方面圆满解决时，应设法同缔约国另一方主管当局相互协商解决，以避免不符合本协定规定的征税。达成的协议应予执行，而不受各缔约国国内法律的时间限制。"

根据《税收协定相互协商程序实施办法》第七条，如果中国居民（国民）认为，缔约对方所采取的措施，已经或将会导致不符合税收协定所规定的征税行为，可以向省税务机关提出申请，请求税务总局与缔约对方主管当局通过相互协商程序解决有关问题。

---

① 国家税务总局国际税务司. 税收协定条款解读之十八［EB/OL］.（2015－06－29）［2024－06－01］. http://www.chinatax.gov.cn/chinatax/n810219/n810744/n1671176/n1671186/c1707215/content.html.

解 读

例 16－2 A 公司是一家境内科技企业，在俄罗斯建立了分支机构开展电信业务。2009 年，俄罗斯联邦主管税务机关认定 A 公司在俄罗斯构成常设机构，要求 A 公司补缴增值税、所得税和滞纳金等共计 2000 多万美元。A 公司向俄罗斯法院提出诉讼，但效果不佳。我国主管税务机关了解情况后，认真研究，建议 A 公司按照中俄税收协定和《税收协定相互协商程序实施办法》等有关规定，申请启动相互磋商程序。经过两国税务机关多次谈判，俄罗斯联邦税务局复审裁决撤销原判罚，维护了 A 公司的合法利益。

依 据

《国家税务总局关于印发〈中华人民共和国政府和新加坡共和国政府关于对所得避免双重征税和防止偷漏税的协定〉文本并请做好执行准备的通知》（国税函〔2007〕790 号）第二十四条

《国家税务总局关于发布〈税收协定相互协商程序实施办法〉的公告》（国家税务总局公告 2013 年第 56 号）第七条

109. 什么情形下，中国居民（国民）可以向税务机关申请启动相互协商程序？

解 答

中国居民有下列情形之一的，可以申请启动相互协商程序：

（1）对居民身份的认定存有异议，特别是相关税收协定规定双重居民身份情况下需要通过相互协商程序进行最终确认的；

（2）对常设机构的判定，或者常设机构的利润归属和费用扣除存有异议的；

（3）对各项所得或财产的征免税或适用税率存有异议的；

（4）违反税收协定非歧视待遇（无差别待遇）条款的规定，可能或已经形成税收歧视的；

（5）对税收协定其他条款的理解和适用出现争议而不能自行解决的；

（6）其他可能或已经形成不同税收管辖权之间重复征税的。

中国国民认为缔约对方违背了税收协定非歧视待遇（无差别待遇）条款的规定，对其可能或已经形成税收歧视时，可以申请启动相互协商程序。

依　据

《国家税务总局关于发布〈税收协定相互协商程序实施办法〉的公告》（国家税务总局公告2013年第56号）第九条、第十条

110. 协定规定了哪些方式可以获取跨境涉税信息？

解　答

协定规定“情报交换”条款，可以通过情报交换获取跨境涉税信息。情报交换，是指我国与相关税收协定缔约国家（以下简称缔约国）的主管当局为了正确执行税收协定及其所涉及的税种的国内法而相互交换所需信息的行为。信息交换（也称情报交换）的目的是加强缔约国双方主管当局

之间在税收征管方面的合作，共同应对跨国纳税人逃避税收的行为。①

以中新税收协定为例，情报交换条款主要包括以下内容："一、缔约国双方主管当局应交换可以预见的与执行本协定的规定相关的信息，或与执行缔约国双方或其地方当局征收的各种税收的国内法律相关的信息，以根据这些法律征税与本协定不相抵触为限。信息交换不受第一条和第二条的限制。

"二、缔约国一方根据第一款收到的任何信息，都应和根据该国国内法所获得的信息一样作密件处理，仅应告知与第一款所指税收有关的评估、征收、执行、起诉或上诉裁决有关的人员或当局（包括法院和行政部门）及其监督部门。上述人员或当局应仅为上述目的使用该信息，但可以在公开法庭的诉讼程序或法庭判决中披露有关信息。

"三、第一款和第二款的规定在任何情况下不应被理解为缔约国一方有以下义务：

"（一）采取与该缔约国一方或缔约国另一方的法律和行政惯例相违背的行政措施；

"（二）提供按照该缔约国一方或缔约国另一方的法律或正常行政渠道不能得到的信息；

"（三）提供泄露任何贸易、经营、工业、商业或专业秘密或贸易过程的信息或者泄露会违反公共政策（公共秩序）的信息。

"四、如果缔约国一方根据本条请求信息，缔约国另一方应使用其信息收集手段取得所请求的信息，即使缔约国另一方可能并不因其税务目的需要该信息。前句所确定的义务受第三款的限制，但是这些限制在任何情况下不应被理解为允许缔约国任何一方仅因该信息没有国内利益而拒绝

① 国家税务总局国际税务司．税收协定条款解读之十九［EB/OL］．（2015－06－29）［2024－06－01］．http：//www.chinatax.gov.cn/chinatax/n810219/n810744/n1671176/n1671186/c1707229/content.html.

提供。

“五、本条第三款的规定在任何情况下不应被理解为允许缔约国任何一方仅因信息由银行、其他金融机构、名义代表人、代理人或受托人所持有，或因信息与人的所有权益有关，而拒绝提供。”

解　读

例 16－3　A 国已经取得了某一年在其境内进行的涉及外国信息卡的所有交易信息。A 国已经处理了这些数据，并开展了一项调查，识别出当年交易频率和模式以及使用类型表明持卡人是 A 国税收居民的所有信用卡号码。A 国无法通过使用其内部税务程序所提供的常规信息来获取持卡人姓名，因为拥有相关信息的人不在其管辖范围内。信用卡号码表明，这些卡的发行者为 B 国 B 银行。基于一项公开的查询或调查，A 国向 B 国发送信息请求，要求提供在其调查中识别出的特定信用卡的持有人和对这些卡片拥有签名权的其他任何人的姓名、住址和出生日期。A 国提供了相关的个人信用卡号码，并进一步提供上述信息以证明其所请求的信息，与其调查甚至更广义上的税法实施和执行存在可预见的相关性。①

依　据

《国家税务总局关于印发〈中华人民共和国政府和新加坡共和国政府关于对所得避免双重征税和防止偷漏税的协定〉文本并请做好执行准备的

---

①　经济合作与发展组织 . OECD 税收协定范本条款注释（2017 年版 · 下）［M］. 国家税务总局国际税务司，译 . 北京：中国税务出版社，2019：920－921.

通知》(国税函〔2007〕790 号) 第二十五条

《国家税务总局关于〈中华人民共和国政府和新加坡共和国政府关于对所得避免双重征税和防止偷漏税的协定〉第三议定书生效执行的公告》(国家税务总局公告 2011 年第 3 号) 第一条

《国家税务总局关于印发〈国际税收情报交换工作规程〉的通知》(国税发〔2006〕70 号) 第二条

111. 税收协定是否影响外交代表和领事官员的税收特权?

解 答

不影响。我国与多个国家的税收协定均有相关规定。例如，中新税收协定第二十七条中明确规定:“本协定应不影响按国际法一般规则或特别协定规定的外交代表或领事官员的税收特权。”

依 据

《国家税务总局关于印发〈中华人民共和国政府和新加坡共和国政府关于对所得避免双重征税和防止偷漏税的协定〉文本并请做好执行准备的通知》(国税函〔2007〕790 号) 第二十七条

第十七篇　税收协定待遇管理

112. 非居民纳税人享受协定待遇需报税务机关审批吗?

解　答

根据《国家税务总局关于发布〈非居民纳税人享受协定待遇管理办法〉的公告》（国家税务总局公告 2019 年第 35 号）的规定，为深化“放管服”改革，进一步优化税收营商环境，提高非居民纳税人享受协定待遇的便捷性，自 2020 年 1 月 1 日起非居民纳税人享受协定待遇，采取“自行判断、申报享受、相关资料留存备查”的方式办理。非居民纳税人自行判断符合享受协定待遇条件的，可在纳税申报时，或通过扣缴义务人在扣缴申报时，自行享受协定待遇，同时按照规定归集和留存相关资料备查，并接受税务机关后续管理。

依　据

《国家税务总局关于发布〈非居民纳税人享受协定待遇管理办法〉的公告》（国家税务总局公告 2019 年第 35 号）第三条

113. 自 2020 年 1 月 1 日起，非居民纳税人如何享受协定待遇？

解 答

自 2020 年 1 月 1 日起，非居民纳税人自行申报的，自行判断符合享受协定待遇条件且需要享受协定待遇，应在申报时报送《非居民纳税人享受协定待遇信息报告表》，并按规定归集和留存相关资料备查。

在源泉扣缴和指定扣缴情况下，非居民纳税人自行判断符合享受协定待遇条件且需要享受协定待遇的，应当如实填写《非居民纳税人享受协定待遇信息报告表》，主动提交给扣缴义务人，并按规定归集和留存相关资料备查。

扣缴义务人收到《非居民纳税人享受协定待遇信息报告表》后，确认非居民纳税人填报信息完整的，依国内税收法律规定和协定规定扣缴，并如实将《非居民纳税人享受协定待遇信息报告表》作为扣缴申报的附表报送主管税务机关。

非居民纳税人未主动提交《非居民纳税人享受协定待遇信息报告表》给扣缴义务人或填报信息不完整的，扣缴义务人依国内税收法律规定扣缴。

依 据

《国家税务总局关于发布〈非居民纳税人享受协定待遇管理办法〉的公告》（国家税务总局公告 2019 年第 35 号）第五条、第六条

114. 非居民纳税人享受协定待遇需留存备查哪些资料？

解　答

留存备查资料包括：

（1）由协定缔约对方税务主管当局开具的证明非居民纳税人取得所得的当年度或上一年度税收居民身份的税收居民身份证明；享受税收协定国际运输条款或国际运输协定待遇的，可用能够证明符合协定规定身份的证明代替税收居民身份证明。

（2）与取得相关所得有关的合同、协议、董事会或股东会决议、支付凭证等权属证明资料。

（3）享受股息、利息、特许权使用费条款协定待遇的，应留存证明“受益所有人”身份的相关资料。

（4）非居民纳税人认为能够证明其符合享受协定待遇条件的其他资料。

非居民纳税人享受协定待遇留存备查资料应按照税收征管法及其实施细则规定的期限保存。

依　据

《国家税务总局关于发布〈非居民纳税人享受协定待遇管理办法〉的公告》（国家税务总局公告2019年第35号）第七条、第十一条

115. 非居民纳税人发现不应享受而享受了协定待遇，应如何处理？

解　答

非居民纳税人发现不应享受而享受了协定待遇，并少缴或未缴税款的，应当主动向主管税务机关申报补税。

非居民纳税人不符合享受协定待遇条件而享受了协定待遇且未缴或少缴税款的，除因扣缴义务人未按国家税务总局公告2019年第35号第六条规定扣缴申报外，视为非居民纳税人未按照规定申报缴纳税款，主管税务机关依法追缴税款并追究非居民纳税人延迟纳税责任。在扣缴情况下，税款延迟缴纳期限自扣缴申报享受协定待遇之日起计算。

扣缴义务人未按国家税务总局公告2019年第35号第六条规定扣缴申报，或者未按国家税务总局公告2019年第35号第十三条规定提供相关资料，发生不符合享受协定待遇条件的非居民纳税人享受协定待遇且未缴或少缴税款情形的，主管税务机关依据有关规定追究扣缴义务人责任，并责令非居民纳税人限期缴纳税款。

依　据

《国家税务总局关于发布〈非居民纳税人享受协定待遇管理办法〉的公告》（国家税务总局公告2019年第35号）第九条、第十六条、第十七条

116. 非居民纳税人可以享受但未享受协定待遇的，是否可以追补享受？

解　答

非居民纳税人可享受但未享受协定待遇而多缴税款的，可在税收征管法规定期限内自行或通过扣缴义务人向主管税务机关要求退还多缴税款，同时提交国家税务总局公告2019年第35号第七条规定的资料。

主管税务机关应当自接到非居民纳税人或扣缴义务人退还多缴税款申请之日起30日内查实，对符合享受协定待遇条件的多缴税款办理退还手续。

所述查实时间不包括非居民纳税人或扣缴义务人补充提供资料、个案请示、相互协商、情报交换的时间。税务机关因上述原因延长查实时间的，应书面通知退税申请人相关决定及理由。

依　据

《国家税务总局关于发布〈非居民纳税人享受协定待遇管理办法〉的公告》（国家税务总局公告2019年第35号）第十条、第二十条

117. 主管税务机关开展后续管理，要求非居民纳税人限期提供留存备查资料，对于资料有什么要求？

解　答

留存备查的资料原件为外文文本的，在按照主管税务机关要求提供

时，应当附送中文译本，并对中文译本的准确性和完整性负责。

非居民纳税人、扣缴义务人可以向主管税务机关提供资料复印件，但是应当在复印件上标注原件存放处，加盖报告责任人印章或签章。主管税务机关要求报验原件的，应报验原件。

依 据

《国家税务总局关于发布〈非居民纳税人享受协定待遇管理办法〉的公告》（国家税务总局公告 2019 年第 35 号）第十四条

118. 非居民纳税人、扣缴义务人不配合税务机关开展协定待遇后续管理与调查时，应如何处理？

解 答

非居民纳税人、扣缴义务人应配合主管税务机关进行非居民纳税人享受协定待遇的后续管理与调查。非居民纳税人、扣缴义务人均未按照税务机关要求提供相关资料，或逃避、拒绝、阻挠税务机关进行后续调查，主管税务机关无法查实其是否符合享受协定待遇条件的，应视为不符合享受协定待遇条件。

依 据

《国家税务总局关于发布〈非居民纳税人享受协定待遇管理办法〉的公告》（国家税务总局公告 2019 年第 35 号）第十五条

119. 扣缴义务人未依法扣缴或无法履行扣缴义务，非居民纳税人也未依法缴纳税款，税务机关还有哪些追缴方式?

解　答

扣缴义务人未依法扣缴或无法履行扣缴义务的，非居民纳税人也未依法缴纳税款的，主管税务机关可以从该非居民纳税人在中国境内其他收入项目的支付人应付的款项中，追缴该非居民纳税人的应纳税款。

依　据

《国家税务总局关于发布〈非居民纳税人享受协定待遇管理办法〉的公告》（国家税务总局公告 2019 年第 35 号）第十八条

附录　增值服务目录

附表 1　我国对外签署税收协定常设机构判定标准一览表

附表 2　国际运输收入税收处理情况一览表

附表 3　我国对外签署税收协定股息条款有关规定一览表

附表 4　我国对外签署税收协定利息条款有关规定一览表

附表 5　我国对外签署税收协定特许权使用费条款有关规定一览表

附表 6　我国对外签署税收协定财产收益条款有关规定一览表

请使用微信扫描以下二维码进入中国税务出版社税务知识服务平台获取增值服务。